国家社会科学基金后期资助一般项目

《"一带一路"倡议下中国经济全方位开放研究》（批准号：19FJLB035）

国家自然科学基金应急管理项目

《海南自由贸易港现代产业体系发展模式研究》（批准号：72041028）

海洋经济与南海开发论丛

中国与"一带一路"沿线国家的贸易研究

Study on the Trade of Countries Along China's "Belt and Road"

高健　朱连心◎著

中国经济出版社
CHINA ECONOMIC PUBLISHING HOUSE

北京

图书在版编目（CIP）数据

中国与"一带一路"沿线国家的贸易研究/高健，
朱连心著. --北京：中国经济出版社，2021. 11（2023. 8 重印）
　　ISBN 978-7-5136-6691-6

　　Ⅰ. ①中… Ⅱ. ①高… ②朱… Ⅲ. ①"一带一路"
-国际贸易-研究 Ⅳ. ①F74

中国版本图书馆 CIP 数据核字（2021）第 207469 号

责任编辑　丁　楠
责任印制　马小宾
封面设计　久品轩

出版发行	中国经济出版社
印　刷　者	北京建宏印刷有限公司
经　销　者	各地新华书店
开　　　本	710mm×1000mm　1/16
印　　　张	13. 5
字　　　数	200 千字
版　　　次	2021 年 11 月第 1 版
印　　　次	2023 年 8 月第 2 次
定　　　价	78. 00 元

广告经营许可证　京西工商广字第 8179 号

中国经济出版社 网址 www.economyph.com 社址 北京市东城区安定门外大街 58 号 邮编 100011
本版图书如存在印装质量问题，请与本社销售中心联系调换（联系电话：010-57512564）

前　言

　　当前，世界经济秩序和经济运行机制正处于较为剧烈的变革时期。在今后相当长的一段时期内，中国对外贸易和对外投资面临着重要机遇，也面临着严峻的挑战。以2013年金秋为起点，中国积极推动"一带一路"建设。作为习近平总书记亲自谋划、亲自部署，承载时代使命的世纪工程，"一带一路"建设掀开了世界经济发展进程中互利共赢的新篇章。多年来，共建"一带一路"大幅提升了中国贸易投资自由化、便利化水平，推动中国开放空间从沿海、沿江向内陆、沿边延伸，形成陆海内外联动、东西双向互济的开放新格局。中国同"一带一路"沿线国家的货物贸易额累计超过5万亿美元，对外直接投资额超过600亿美元，为当地创造20多万个就业岗位，中国对外投资成为拉动全球对外直接投资增长的重要引擎。

　　但是，发展中的问题同样值得注意。虽然中国目前出口竞争优势依旧存在，但传统的劳动力竞争优势明显被削弱，而新的竞争优势尚未完全形成。中国对外投资企业没有完整的技术创新制度，不熟悉所在国的投资管理制度等问题也逐渐显现。中国与"一带一路"沿线国家的经贸往来中存在的制度性障碍、中国对外投资存在的结构性问题是当前亟待解决的问题。因此，本书根据中国与"一带一路"沿线国家的贸易往来与投资发展的实际状况，对对外贸易、对外投资、贸易协定等进行了深入研究和实证分析，提出了有利于完善中国对外贸易与投资环境、促进对外贸易健康有序发展的政策建议。

目　录

第一章
绪论

第一节 "一带一路"的内涵及挑战

一、"一带一路"的内涵

随着金融危机后全球经济的逐步恢复和国际社会的重新洗牌，世界各国的经济形势和经济地位都发生了巨大的变化。然而，次贷危机所造成的深层次影响还未消散，各国经济发展陷入停滞，生产力复苏缓慢，国际投资贸易格局发生转变，国际投资贸易规则深刻调整，各个国家所面临的发展形势依然严峻。

为了找到新的发展方向，中国提出了"一带一路"倡议。"一带一路"（The Belt and Road，缩写 B&R）是"丝绸之路经济带"和"21 世纪海上丝绸之路"的简称，2013 年 9 月和 10 月由中国国家主席习近平分别提出建设"丝绸之路经济带"和"21 世纪海上丝绸之路"的合作倡议，该倡议符合文化多样性和经济多样化的总趋势。中国在国际上经济地位不断提高，并且始终秉持开放合作的发展理念，致力于维护全球自由贸易体系和开放的世界经济格局。"一带一路"倡议将市场经济与发达的贸易相结合，推动中国与"一带一路"沿线国家在经济发展和贸易合作中展开大规模、深层次的区域合作。它使中国能够与邻国合作，建立一个包容、开放、自由、高效的区域经济结构。

"一带一路"倡议源于中国古代陆上丝绸之路和海上丝绸之路。中国

"一带一路"建设的基础便是互联互通以及当前存在的自由贸易协定与多元化的经济合作机制。中国建立"一带一路"经济带的最终目标是建立一个利益共同体、责任共同体和命运共同体。"一带一路"的本质是一种新型的区域经济一体化。

"一带一路"倡议对中国具有重要的经济和战略意义,对实现中华民族伟大复兴中国梦具有重要意义。通过推进"一带一路"建设,中国与沿线国家的经济贸易合作关系进一步加深,一方面,可以解决目前所面临的产能过剩问题,为陷入困境的相关企业寻求国外销路,缓和当前国内企业改革不得不经历的阵痛;另一方面,也为国内外企业提供了一个互相学习、优势互补的良好平台。"一带一路"倡议的提出,标志着中国经济已经具备了一定的实力,并开始通过自身的经济实力走向国外市场,在国外寻求发展空间,为国内产业结构转型提供时间和机会的同时,也为国外企业进入中国市场提供了良机。我们应该清楚地认识到,"一带一路"建设是全球领先经济体制下的中国自我认证。"一带一路"建设的短期规划以西安为基础,全面推进西部大开发,通过产业合作和投资"走出去"来缓解目前国内市场资本的过剩,通过能源、燃料进口来维护我国能源安全,通过推动基础设施和交通运输的建设来维护欧洲地区与亚洲地区的贸易路线。从长远角度来看,"一带一路"建设对于调整当前中国经济重心沿海化,改善沿海地区与西部内陆经济差距过大的失衡局面有重大意义。"一带一路"的成功建设,不仅可以让中国与沿线国家分享中国生产部门的优质生产能力,还可以推进双边项目投资的发展,共同进行基础设施建设,共同分享经济方面的合作果实。

"一带一路"倡议的核心是"互联",其具体内容除了道路建设的连通,还包括贸易、货币、政策、文化方面的互联互通,相比较美国的"马歇尔计划","一带一路"倡议的内涵更加丰富。

"一带一路"建设对中国有着重要的意义。探索新形势下中国经济增长的新道路,是"一带一路"建设的首要任务。后金融危机时代,中国作为世界经济增长中势头最好的国家,必须将本国在产能、技术和资金、劳动力方面的优势和市场进行深度融合，通过全面开放市场，将多年来中国改革发展的红利和一些经验教训与沿线国家分享。

中国的"一带一路"建设希望实现全球化的再平衡。众所周知，过去的全球化进程来自海洋，是从海运中诞生的。相比陆地国家，一般海洋国家和沿海地区的发展速度总是更快一些，长年累月便造成贫富差距越来越大。传统的全球化最开始是由欧洲开辟，美国将其发展壮大，逐渐形成了"西方中心论"。这种现象直接导致东方在经济地位上从属于西方，陆地从属于海洋，并产生了一系列影响。通过"一带一路"的建设，可以纠正这种不平衡的发展形势，重新平衡全球化。"一带一路"倡议中的西线国家包括中亚国家、蒙古国等内陆国家，大多数都在远离海洋的内陆地区，通过"一带一路"建设，中国可以更好更快地主动向西线国家推广中国的优势产业和优质产能，让这些内陆国家可以获得更优良的发展空间。欧洲人发起的全球化最终使贫富差距拉大，社会矛盾加深，各地区发展不平衡。中国的"一带一路"建设促进了各国之间的交流，各国共同努力，建设持久和平、安全、稳定、繁荣发展的和谐世界。

"一带一路"建设创造了区域经济合作的新模式。经过40多年的发展，中国的改革开放取得了举世瞩目的成就，可以说是当今世界一大创举。作为进一步对外开放的战略构想，"一带一路"倡议提出了新的经济带理论、经济走廊发展理论、21世纪国际合作理论等发展思路，补充和超越了当前国际经济发展理论、区域合作理论和全球化理论。"一带一路"倡议一直强调的原则是讨论、建设和分享，这将给21世纪的国际合作带来一种全新的发展合作理念。

"一带一路"倡议为全球治理提供了新的路径与方向。当今世界，内战频发，风险日益增多，经济增长乏力，动能不足，金融危机的影响仍在发酵，发展鸿沟日益突出，"黑天鹅"事件频出，贸易保护主义倾向抬头，"逆全球化"思潮涌动，地区动荡持续，恐怖主义蔓延肆虐。和平赤字、发展赤字、治理赤字的严峻挑战正摆在全人类面前。这充分说明现有的全球治理体系出现了结构性问题，亟须找到新的破题之策与应对方略。作为一个新兴大国，中国有能力、有意愿同时也有责任为完善全球治理体系贡献智慧与力量。面对新挑战、新问题、新情况，中国给出的全球治理方案是：构建人类命运共同体，实现共赢共享，而"一带一路"倡议正是朝着这个目标努力的具体实践。"一带一路"倡议强调各国的平等参与、包容普惠，主张携手应对世界经济发展带来的挑战，开创发展新机遇，谋求发展新动力，拓展发展新空间，共同朝着人类命运共同体方向迈进。正是本着这样的原则与理念，"一带一路"针对各国发展的现实问题和治理体系的短板，创立了亚投行、新开发银行、丝路基金等新型国际机制，构建了多形式、多渠道的交流合作平台，这既能缓解当今全球治理机制难以适应现实需求的困境，也能在一定程度上扭转公共产品供应不足的局面，提振国际社会参与全球治理的士气与信心，同时又能满足发展中国家尤其是新兴市场国家变革全球治理机制的现实要求，大大增强新兴国家和发展中国家的话语权，推进全球治理体系朝着更加公正合理的方向发展。

中国提出的"丝绸之路经济带"的概念不同于历史上出现的各种"经济区"和"经济联盟"的概念。与上述概念相比，"经济带"具有更高的灵活性和适用性，更具可操作性，所有国家都有权自愿参加。在推进"一带一路"建设的同时，中国将严格遵守《联合国宪章》的宗旨和原则，遵守和平共处五项原则，即尊重各国的主权和领土完整、互不干涉内政、互不侵犯、和平共处、平等互利。

"一带一路"倡议包括沿途的60多个国家，以古丝绸之路的国家为基础，但不限于古丝绸之路的范围，世界上所有的国家和地区都可以参与进来，让共同建设的成果惠及更加广泛的区域，以和谐包容的态度倡导文明宽容，对各国发展道路和模式的选择加以尊重，不随意干涉，积极推动不同文明之间的交流与对话，求同存异，和平共处，共生共荣，遵循市场经济规律和国际经贸规则，充分发挥市场在资源配置中的决定性作用和各企业的主体作用，同时还要发挥好政府的作用，对市场加以规范和引导。

二、"一带一路"建设面临的挑战

"一带一路"倡议是一个前所未有的复杂工程，其具体实施将不可避免地涉及许多不容忽视的挑战和风险。"一带一路"建设的难度主要包括以下几点：第一，由于"一带一路"涉及众多国家，各国制度体系迥然不同，一些地区的政治局势不稳定；第二，各个国家的经济发展水平参差不齐，像东盟的经济水平要优于中亚地区，这就要求在制定具体的执行措施时要进行诸多考虑，要根据实际发展水平来制定；第三，各个民族的宗教信仰不同，容易发生暴力事件和大规模冲突，宗教地区的非传统不安全因素较为突出；第四，各个国家和民族的文化不相同，部分国家会因为文化认识方面的差异而存在对中国倡议意图的错误理解；第五，"一带一路"是中国首次主导进行的一项重大国际性倡议，一些具体的规划和设计还有待完善和细化，中国在相关建设方面还需要更多的经验积累。

"一带一路"倡议是中国在新的历史条件下实现区域经济合作，实现经济双赢和全球协商治理的重大战略。一经提出，就赢得了国际上许多国家和国际组织的积极响应。"一带一路"建设不仅对中华民族的伟大复兴有助力作用，还会大大增进沿线国家的经济实力以及人民的福祉。然而，"一带一路"建设也是一个漫长、艰巨而且复杂的系统工程。对各种可能遇到的风险也要加以防范。沿线国家拥有不同的制度体系，政治局势复杂多变。处于改革发展中的国家，其中既有与我国政体相同，由共产党所领导的社会主义国家，如越南，也有一些实行西方多政党制度的欧洲国家，甚至还有实行君主政体的中东阿拉伯国家等，这些国家由于国内政治形势复杂，国内政局动荡不安，政策变化性大，甚至一些国家还存在内战冲突。"一带一路"建设主体工程基础设施建设具有投资额大、建设周期长、经济效益慢的特点，这一特点使"一带一路"建设对于相关合作国家的政治稳定程度以及对华的态度有着巨大的依赖性。一旦发生冲突，会直接导致"一带一路"建设停滞不前，所以政治风险是在"一带一路"建设过程中需要首先考虑的。再加上近年来随着中国在国际上的崛起，一些国家出于自身的政治目的或者政治利益，故意曲解中国的"一带一路"倡议，宣传"中国威胁论"和"中国扩张论"，故意阻碍中国"一带一路"建设的顺利进行。自"一带一路"倡议提出以来，中国在伊拉克、叙利亚、利比亚、乌克兰等国遭受了投资困境和经济损失。

"一带一路"沿线涉及60多个国家，跨越太平洋和印度洋，连通亚欧非三洲。沿线既有一些老牌的欧洲发达资本主义国家，也有一些正在发展中的新兴经济体，经济水平和国情各不相同。有些国家的贸易法律法规比较健全，市场发育程度较高，投资和经济环境都较为稳定，有利于企业进行投资生产活动；而有些国家经济发展滞后，市场开放度较低，外资进入难度较大，相关法律法规和监管层面的职责缺失，这些都会严重影响"一带一路"的建设成果。一方面，"一带一路"建设是实现沿线国家经济发展的起点，大大降低了双边或多边经济合作的准入门槛，可以有效调动沿线国家和企业的积极性；另一方面，可能会使沿线国家在建设规则方面出现分歧，在利益成果分配上产生一定的矛盾。除此以外，中国虽然在"一带一路"建设的具体实施中扮演主要角色，并且在资金、技术、人员等方面积极提供自身的优势和力量，通过诸多优惠政策，为沿线有关项目建设提供发展动力，但是，单单靠中国一家的资源和力量是远远不够的，所以"一带一路"建设也存在摊子太大、后劲不足等风险，中国要积极与沿线国家进行沟通交流，共同出力，减少经济风险。

除了政治风险与经济风险外，在"一带一路"建设中，在种族冲突和宗教信仰方面也存在着风险。"一带一路"沿线有60多个国家，人口44亿，天主教、佛教、基督教、伊斯兰教和许多其他教派共存。个别宗教的内部还有不同的派别存在，各个民族和宗教之间冲突不断，大大增加了中国推进"一带一路"建设的难度。再加上一些恐怖组织等猖獗，导致部分中东和中亚地区长期笼罩在恐怖组织的阴影之下，这对中国与沿线国家的贸易往来非常不利。这些不安全因素的存在不仅严重威胁民众的生命安全，也大大阻碍了市场经济的正常运行与一些正常投资活动的进行，而且恐怖分子也可以借助"一带一路"建设开放的机会，破坏中国的治安环境，甚至破坏中国国家政策的正常实施，这些因素将对"一带一路"倡议和沿线项目的建设构成严峻挑战。

第二节 研究框架与成果

"一带一路"倡议是在后金融危机时代，中国作为世界经济增长的"火车头"，将自身的产能优势、技术与资金优势、经验与模式优势转化为市场与合作优势，实行全方位开放的一大创新。通过"一带一路"建设共同分享中国的改革发展红利、中国发展的经验和教训。中国将着力推动沿线国家实现合作与对话，建立更加平等均衡的新型全球发展伙伴关系，夯实世界经济长期稳定发展的基础。

中国与沿线国家的对外贸易与投资正处在一个快速变化的国内外环境中，对外投资与贸易都面临着激烈的国际竞争和相关因素的制约，对内则面临着加快供给侧结构性改革、经济结构转型升级与实现经济新常态发展的巨大压力。但正如习近平总书记所言，机遇与挑战是同等的，我们应该及时根据过去的发展总结经验教训，并结合新形势和新要求，加大制度创新力度，设计出更为合理的中国与"一带一路"沿线国家双边与多边投资贸易制度。

本书搭建了一个具有普遍适用性的框架，基于理论与现实两种分析视角，对"一带一路"倡议背景下的中国与沿线国家的贸易和投资战略进行系统性、规范化的整合。需要指出的是，由于本书的涉及面广、涉及内容多，缺乏对于中国与沿线国家的投资贸易关系路径的深入研究，这将是未来继续努力的方向。

本书共分为七章，具体内容安排如下：

第一章为绪论。主要阐述了"一带一路"的发展状况、选题背景与研究意义、研究方法以及基本框架，同时指明本书可能的不足与创新之处。

第二章为中国与"一带一路"沿线国家的贸易互补性研究。通过具体的数据，分析中国与"一带一路"沿线国家的互补性贸易格局。

第三章为"一带一路"背景下中国、东盟贸易竞争力比较。聚焦东盟国家，通过实证模型，对中国和东盟主要竞争产品的竞争力进行比较，为中国出口竞争力的提升提供对策借鉴。

第四章为中国与"一带一路"沿线国家服务贸易"本地市场效应"研究。本章基于国际贸易中非常重要的一部分——服务贸易，实证检验中国与"一带一路"沿线国家的"本地市场效应"的存在性，为中国发展服务贸易以及更好地推进"一带一路"倡议提供新的思路。

第五章为中国与"一带一路"沿线国家双边贸易研究。本章选择"一带一路"倡议代表性国家，具体研究中国与其双边贸易关系，分析双边贸易中存在的问题，并提出相关对策建议。

第六章为中国在"一带一路"沿线国家的直接投资研究。本章首先实证检验中国对"一带一路"沿线国家直接投资的影响因素，其后选择泰国和印度两个代表性国家进行具体研究。

第七章为上海自贸区嵌入"一带一路"倡议机制研究。中国上海自贸区的成立，不仅是推动经济进一步改革开放的重大战略部署，还是对接中国"一带一路"倡议实施的重要路径。本章通过对上海自贸区战略意义的研究，来解释其如何在"一带一路"倡议中发挥作用。这对中国建设其他自贸区，以及带动"一带一路"建设具体运行具有现实意义。

第二章

中国与"一带一路"沿线国家的贸易互补性研究

自改革开放以来,中国积极主动地扩大对外经济交往的范围,放开或者取消各种限制,不再实施封锁国内市场和国内投资场所的保护政策,以"引进来"和"走出去"的姿态大力发展开放型经济。2010 年中国超越日本,成为世界第二大经济体。随着中国经济的快速发展、综合国力的迅速提升,在国内产能与外汇资产过剩、邻国与中国加强合作意愿普遍上升、国际上美国重返亚太的背景下,中国提出"一带一路"倡议。近年来,中国与各国的经济合作项目迅速开展,已取得了惊人的成就。当今世界,经济全球化趋势越发明显,中国通过开放型经济政策,与"一带一路"沿线国家贸易互补,合作共赢,推动了经济的发展,与此同时,互补性经济贸易也为相关国家带来了中国改革开放的红利。本章将基于空间面板数据对中国与"一带一路"沿线国家的贸易互补性进行实证分析。

第一节 中国与"一带一路"沿线国家的贸易互补性格局

从相关贸易统计数据来看,中国与"一带一路"沿线国家的贸易往来越来越密切。"一带一路"倡议实施时间并不长,贸易规模相对较小,但贸易增速势头喜人,区域内贸易互补性强于贸易竞争性,贸易潜力较大。

一、中国与"一带一路"沿线国家的贸易概况

近年来,在经济全球化这一大环境下,中国对外经济发展迅速。2015

年，中国与"一带一路"沿线国家双边贸易总额达 9 955 亿美元，占全国贸易总额的 25.1%。2001 年，这一比重仅为 16.5%；2016 年中国与"一带一路"沿线国家双边贸易总额比 2015 年增长 0.5%。通过数据比较可以看出，中国与"一带一路"沿线国家的贸易规模越来越大，增速也越来越快，成为沿线许多国家的主要贸易伙伴国。

中国在"一带一路"区域中，进口总额占"一带一路"沿线其他国家的 80.41%，其中东盟十国占比 42.65%。中国—东盟自贸区的建立和零关税的实行是双方贸易最大的保障。2015 年，中国对东盟的投资为 146.04 亿美元，同比增长 87%。中国对其投资不仅促进东盟地区的经济发展，也为中国带来了更多的发展机遇。在西亚，"一带一路"倡议展示了极强的贸易互补性。中国对石油需求的增加、国际石油价位的提升以及中国轻工业制品生产能力和出口能力的显著提升，促使中国与西亚的贸易规模迅速扩大，两者的贸易互补性显著大于贸易竞争性。此外，从增速看，中亚五国与中国贸易增速最快，2001—2014 年，年均增速高达 29.8%。中国与中亚区域贸易主要集中在劳动密集型产业，中亚五国有充足且廉价的劳动力，而中国企业外迁不仅打开了国际市场，也更好地利用了中亚五国的劳动力资源。中亚能源资源和矿产资源丰富，为中国打开了资源的宝库，中国的轻工业产品也源源不断地输入中亚，加上交通基础设施的不断完善，更加有利于资源运输。

二、中国与"一带一路"沿线国家的贸易结构

中国与"一带一路"沿线国家的互补性强，产业梯度较好。"一带一路"沿线各国的经济发展水平参差不一，每个国家都有自己的发展限制和独有的经济优势。经济稍落后的国家土地资源、能源资源、人力资源丰富，市场潜力大，经济发达的国家则有先进的技术、充足的资本，而且消费水平高。中国对"一带一路"沿线国家的投资不仅促进了各国的经济发展，也为中国的产品找到了输出地，同时也使中国企业得到了更多机遇。中国与各国在农业、化工、能源、通信、金融等领域，都有广阔的经济合

作和贸易空间。"一带一路"沿线国家贸易结构情况如表 2-1 所示。

表 2-1　"一带一路"沿线国家贸易结构情况

区域	重点国家	经贸结构	
		主要出口领域	主要进口领域
中亚	中亚五国	矿物燃料、钢铁、有色金属、皮毛、棉花、谷物等	机械器械、电子电器、纺织服装、交通工具、药品、化工产品等
西亚	土耳其、伊朗等	机电制品、纺织产品、矿物燃料、有色金属及制品	机械设备、交通工具、塑料及制品、电子产品、有机化工品
东南亚	新加坡、马来西亚、泰国、印度尼西亚、越南等	机电产品、动植物油脂、橡胶及制品、矿物燃料、车辆及配件、塑料产品	有机化学、钢铁及有色金属制品、机械设备、电子电器、贵金属
南亚	印度、巴基斯坦、孟加拉国等	电子产品、农产品、矿产品	机电产品、钢铁、机械设备

三、中国与"一带一路"沿线国家的贸易关系

我们可通过贸易互补指数、贸易竞争指数分析中国与各国的贸易情况。贸易互补指数（Trade Conformity Index，TCI）常用来分析一国与其贸易伙伴国之间的贸易互补程度。TCI 取值 0~1，当 TCI = 0 时，表明两国存在完全竞争性的贸易关系；当 TCI = 1 时，表明两国存在完全互补的贸易关系。贸易竞争指数（CS）取值为 1 时，表明两国具有完全竞争的贸易结构；CS 取值为 0 时，表明两国具有完全互补的贸易结构。研究表明，2014年"一带一路"沿线国家中 76.4% 的国家之间存在贸易互补关系（TCI>0.1），47.7% 的国家之间存在较强的贸易互补关系（TCI>0.2），22.5% 的国家之间贸易互补关系很强（TCI>0.3），而在 2014 年贸易竞争指数大于 0.1、0.2、0.3 的贸易关系占总贸易关系的比重分别为 38.6%、25.9%、17.0%，总体呈现贸易互补强于贸易竞争现象。从中国自身来看，中国与沿线国家的贸易竞争性总体在增加，但竞争非常激烈的贸易伙伴国在减少。

从贸易互补指数看，2005年以中国出口计算的TCI>0.3的关系数占比为32.10%，2014年这一指数为55.6%，中国以进口计算的TCI>0.3的关系数占比近4.4%，说明中国进口与其他国家的贸易互补性较差。所以"一带一路"沿线国家对扩大中国的出口起到了重要作用。

第二节　中国与"一带一路"沿线国家贸易互补性的实证分析

一、空间面板数据模型构建

（一）相关数据

"一带一路"涉及很多国家，本章选取16个具有代表性的国家，包括土耳其、叙利亚、格鲁吉亚、约旦、伊拉克、阿联酋、巴林、阿富汗、阿曼、以色列、黎巴嫩、卡塔尔、阿塞拜疆、亚美尼亚、科威特、埃及。数据选取时间为1992—2019年。"一带一路"沿线代表性国家GDP情况、进出口额、贸易情况分别见表2-2、表2-3、表2-4。

表2-2　"一带一路"沿线代表性国家GDP情况

序号	国家	面积（万平方公里）	人口（亿人）	GDP（万亿美元）	人均GDP（万美元）
1	土耳其	76.9630	0.8342	0.7544	0.9043
2	叙利亚	18.3630	0.1707	—	0.2367
3	格鲁吉亚	6.9490	0.0372	0.0177	0.4758
4	约旦	8.8780	0.1010	0.0437	0.4327
5	伊拉克	43.4128	0.3931	0.2340	0.5953
6	阿联酋	7.1020	0.0977	0.4211	4.3101
7	巴林	0.0778	0.0164	0.0386	2.3537
8	阿富汗	65.2860	0.3804	0.019	0.0499
9	阿曼	30.9500	0.0497	0.0769	1.5473
10	以色列	2.1640	0.0905	0.3950	4.3646

续表

序号	国家	面积（万平方公里）	人口（亿人）	GDP（万亿美元）	人均GDP（万美元）
11	黎巴嫩	1.0230	0.0686	0.0534	0.7784
12	卡塔尔	1.1610	0.0283	0.1834	6.4806
13	阿塞拜疆	8.2670	0.1002	0.0480	0.4790
14	亚美尼亚	2.8470	0.0296	0.0137	0.4628
15	科威特	1.7820	0.0420	0.1348	3.2095
16	埃及	99.5450	1.0038	0.3032	0.3021

资料来源：世界银行数据库。

表2-3　"一带一路"沿线代表性国家进出口额　　　　　单位：万美元

序号	国家	进出口总额	出口总额	进口总额	对该国直接投资净额	实际利用该国外资额
1	土耳其	47 595 531.85	21 104 467.54	26 491 064.31	21 099	4 004
2	叙利亚				2 439	248
3	格鲁吉亚	1 651 620.93	721 286.31	930 334.62	14 206	400
4	约旦	3 844 323.94	1 427 028.17	2 417 295.77	3 321	125
5	伊拉克	17 930 000.00	9 480 000.00	8 450 000.00	5 246	101
6	阿联酋	70 838 774.68	39 588 835.94	31 249 938.73	32 702	4 381
7	巴林				2 710	
8	阿富汗	1 125 392.87	127 647.88	997 744.99	3 122	558
9	阿曼				3 170	
10	以色列	18 733 488.60	9 566 356.11	9 167 132.49	3 433	1 365
11	黎巴嫩	5 678 478.02	2 522 276.15	3 156 201.87	3 312	199
12	卡塔尔				11 991	1 771
13	阿塞拜疆	5 560 713.83	3 584 155.51	1 976 558.32	2 801	84
14	亚美尼亚	782 721.79	281 536.36	501 185.42	3 863	1 012
15	科威特	17 249 937.09	12 582 273.87	4 667 663.22	3 185	69
16	埃及	11 651 102.91	4 911 115.94	6 739 986.97	5 566	209

资料来源：世界银行数据库。

表 2-4 "一带一路"沿线代表性国家贸易情况

序号	国家	贸易条件指数	外国直接投资净额（美元）	货物和服务出口占 GDP 比重（%）	货物和服务进口占 GDP 比重（%）
1	土耳其	118. 38	-8 830 000 000. 00	31. 6	29. 8
2	叙利亚	42. 60		38. 6	37. 8
3	格鲁吉亚	81. 14	-829 031 348. 70	54. 0	62. 9
4	约旦	87. 58	-1 782 783 099. 00	37. 2	50. 4
5	伊拉克	95. 16		37. 1	32. 72
6	阿联酋	104. 66		92. 5	68. 5
7	巴林	100. 69	63 563 829. 79	79. 6	71. 8
8	阿富汗	79. 29	-59 602 266. 00	7. 8	37. 9
9	阿曼	73. 51	-243 036 789. 10	58. 2	42. 5
10	以色列	106. 57	-6 946 100 000. 00	29. 4	29
11	黎巴嫩	204. 66	-1 834 889 630. 00	21. 7	41. 9
12	卡塔尔	105. 35	8 861 813 187. 00	50. 2	36. 4
13	阿塞拜疆	186. 50	-1 141 550 000. 00	49. 2	36. 9
14	亚美尼亚	99. 10	-353 280 983. 70	38. 5	52. 9
15	科威特	143. 55	15 214 373 333. 00	56. 7	43. 8
16	埃及	130. 47	-3 891 200 000. 00	18. 9	29. 4

资料来源：世界银行数据库。

（二）计量模型

由数据知 $N=16$，$k=10$，$T=23$，计算可得 $F_1<F_2$，所以选用变截距、不变系数模型。本章研究中国与"一带一路"沿线国家的贸易互补性，故可以选用固定效应空间误差模型。

$$Y_t = X_t\beta + \mu + \gamma_t \cdot \tau_N + \varepsilon_t$$

$$\varepsilon_t = \lambda W \varepsilon_t + \varphi_t$$

其对应的对数似然函数为：

$$\ln L = -\frac{NT}{2}\ln(2\pi\sigma^2) + T\sum_{t=1}^{N}\ln(1-\lambda\omega_i) - \frac{1}{2\sigma^2}\sum_{t=1}^{T}e'e_t$$

在误差项不满足正态项的假设下，Lee（2004）证明了拟极大似然估计量在一定条件下可以获得渐进一致估计量。

2014 年中国对"一带一路"沿线 60 多个国家出口额总计 6 370 亿美元，同比增长 12%，占 2014 年出口贸易总额的 27%，增速超过总出口贸易增速（6.1%）。2010 年以来，中国对"一带一路"沿线的国家贸易出口大幅增长，2012 年之后增幅减缓，但增速也均维持在 10% 以上，远高于中国总体出口贸易增长速度。2012 年，中国对"一带一路"沿线国家的出口贸易额超过 100 亿美元的国家有越南、印度、俄罗斯、新加坡、马来西亚、印度尼西亚、阿联酋、泰国、伊朗、菲律宾、沙特阿拉伯、土耳其、波兰、巴基斯坦、哈萨克斯坦、孟加拉国、埃及。

2016 年，中国对"一带一路"沿线国家直接投资 134 亿美元，同比下降 4.7%，占同期对外投资的 8.3%。主要投向新加坡、印度尼西亚、印度、泰国、马来西亚、越南、老挝、伊朗、俄罗斯等国。中国与沿线国家新签对外承包工程合同额 1 004 亿美元，同比增长 40.1%，占同期我国对外承包工程新签合同额的 52.1%；完成营业额 616.3 亿美元，同比增长 7.5%，占同期总额的 46.6%。中国企业同"一带一路"沿线 20 个国家建设 50 多个境外经贸合作区，累计投资超过 180 亿美元，为东道主创造了超过 10 亿美元的税收和超过 16 万个就业岗位。

二、总结与建议

"一带一路"倡议是中国新一代领导人面对全新的国际形势、复杂的政治格局、纷乱的贸易往来、不确定的非自然因素而提出的新世纪的经济举措。该倡议的背后体现出中国人民的聪明智慧。方向已然确立，具体的每一步还需要我们新一代青年不断努力奋斗。当今时代，贸易全球化日益明显，各国经贸往来日渐频繁多样，我们要充分发挥本国优势，吸取他国先进的管理经验，形成贸易互补的外向型经济，取长补短，为我所用。就像习近平总书记说的那样，"'一带一路'建设秉持的是共商、共建、共享原则，不是封闭的，而是开放包容的""要在已有的基础上，推动沿线国家实现发展战略相互对接、优势互补""不是空洞的口号,而是看得见、摸得着的实际举措,将给地区国家带来实实在在的利益"。

在"一带一路"倡议实施过程中,我们要加强对各国政治经济文化现状的研究,调研国情,因地制宜地制定经济贸易政策,建立健全相关领域的法律制度,完善机制,考虑相关国家的宗教信仰,培养大批经济、法律、对外贸易、国际关系等专项型人才,以市场的调节机制来打造利益共同体、命运共同体和责任共同体。

第三章
"一带一路"背景下中国、东盟贸易竞争力比较

东盟国家处于"一带一路"的陆海交汇地带，是中国推进"一带一路"倡议的重要伙伴和优先方向。2015年底东盟宣布建成经济共同体，标志着一个人口超过6亿、经济总量超过2.5万亿美元的大市场和经济体已经形成。中国与东盟之间的经济联系空前紧密，2016年双方贸易额达4 522亿美元，双向累计投资额为1 779亿美元。与此同时，东盟与中亚、南亚、欧洲多国经贸关系不断发展，这些条件都决定了东盟在"一带一路"倡议中的重要地位。

近年来，美国在贸易政策领域高举"美国优先"的旗帜：废TPP、退《巴黎协定》、改有违美国利益的自贸协定，指责世界贸易组织的争端解决机制损毁美国利益，意图"颠覆"WTO的基本规则。美国作为中国重要的出口市场，其奉行的贸易保护政策加剧了中国的外部经济风险。东盟近年来发展迅猛，其成员国都采取了出口导向型的发展战略，在产业层次、要素禀赋上与中国具有相似性，同时，美国也是其重要的出口市场。因此，明确中国和东盟在美国市场上的主要竞争产品的竞争力及影响因素，找出主要竞争产业发展的问题，对中国出口贸易的发展十分必要。

美国一直都是中国最重要的出口市场之一。2017年4月，习近平总书记在访美期间强调，中美已经互为第一大贸易伙伴国，两国人民都从中受益良多。然而，美国作为全球最开放的经济体之一，贸易保护主义却始终存在于其对外贸易过程中。

回顾美国对外贸易史，一旦面临全球性经济危机，美国国内贸易保护主

义势力就会抬头。20世纪30年代大萧条期间,美国国会通过《斯穆特—霍利关税法》,大幅度提高国外商品的进口关税,结果引发了当时世界各主要经济体之间的贸易战争,成为进一步加剧经济大萧条的催化剂。2009年2月17日,为了应对次贷危机,时任美国总统奥巴马通过了总额为7 870亿美元的经济刺激计划,该项计划包含了诸如"购买美国货"等多项贸易保护条款,即便面临国际社会舆论的抨击,美国也没有做出实质性的让步。特朗普担任美国总统后,其秉承的"美国优先"的贸易保护政策标志着美国国内贸易保护主义声浪越来越高。在中美贸易关系中,美国作为构建国际标准及制度的重要参与者,占有主动地位,其奉行的贸易保护政策加剧了中国的外部经济风险,使中国成为最大的受害者。

东盟作为新兴经济体,近年来整体实力不断提升,涵盖了6.4亿人口,是世界第六大经济体。2015年底,东盟十国领导人签署联合宣言,宣布成立东盟共同体,东盟一体化取得重大进展。在东盟对外贸易关系中,中美两国一直稳居对外出口市场的第一、第二名且两者之间的差距越来越小。根据东盟数据库资料,2016年,东盟对中美两国的出口额分别为1 435亿美元和1 311亿美元。由于东盟和中国出口的产品都以劳动密集型和资源密集型为主,并且中国与东盟大部分国家都属于发展中国家,在要素禀赋、产业层次以及商品结构等方面都有很大的相似性,中国与东盟出口产品在国际市场上的竞争越发激烈。

对中国和东盟主要出口产品在美国市场上的竞争力进行比较分析有以下两方面的意义:一方面,可以了解中国在美国市场主要出口产品的竞争现状,以便更主动地应对美国的贸易保护政策;另一方面,选取东盟与中国在美国市场主要出口产品的竞争力进行比较分析,扬长避短,有助于中国产业结构的调整,改善产品在美国市场的竞争状况。

第一节 产品出口竞争力差异化理论探究

由于出口对于一国国民经济增长起到重要促进作用,出口贸易诞生伊始就备受经济学界的重视。在欧洲资本的积累时期，重商主义受到广泛认可，其代表人物托马斯认为，一国积累财富的重要手段就是鼓励出口，通过贸易顺差来获取利润。但是重商主义有其时代的局限性，偏颇地追求出口的扩大，对于如何提升出口竞争力没有提出相应的理论。纵观国际贸易理论的发展过程，古典贸易理论解释了静态产业间贸易竞争力差异的原因。亚当·斯密提出了绝对优势理论，大卫·李嘉图根据绝对优势理论的局限性提出了比较优势理论，在此基础上成型的 H-O 模型，将劳动生产率和生产要素禀赋作为影响出口竞争力的重要因素。与古典贸易理论专注于静态产业间贸易不同，新贸易理论更为贴近现实，以动态的视角作为切入点，将规模经济和技术因素纳入产业竞争力的影响因素。迈克尔·波特进一步提出了竞争优势理论，利用四个内因和两个外因体系分析了竞争力差异的原因。这些理论构成了产品出口竞争力差异研究的基础。

一、比较优势理论

1776 年，经济学界经典著作《国富论》出版，该书作者亚当·斯密在书中首次提出了绝对优势理论。其理论核心是如果一国的生产要素禀赋在国际贸易中占有绝对优势，则该国的劳动生产率和相关资源的利用程度可以得到充分的提高，也就是说，每个国家都可以利用自己的绝对优势在国际贸易中取得相应的成果。但是绝对优势理论却无法解释国际贸易实际运行中的一个问题：当一个国家并不具有绝对优势，缺乏相应的生产效率，却依然可以利用产品的出口获取收益。针对这一现象，大卫·李嘉图提出了比较优势理论，所谓比较优势，就是一国在国内生产某种产品的机会成本低于国外时，那么这个国家在这种产品的生产上就具有相应的比较优势。根据该理论，一国可以通过出口具有比较优势的产品来获取利益收入。在此后的发展过程中，国际贸易关系变得更为复杂，比较优势理论中的前提设定已经不能适用于国际贸易，俄林与赫克歇尔提出了更为适应时代发展的要素禀赋理论。根据该理论，生产要素的不同分布导致每个国家都发展出了自己的优势产业，通过对优势生产要素的利用，生产具有竞争优势的产品进行出口，同时，在国际贸易中进口本国处于劣势的产品。

二、竞争优势理论

上述理论中都将生产要素作为一国出口的基础来分析，随着国际贸易的进一步发展，生产要素的决定性地位受到动摇，一国出口竞争力受到越来越多因素的影响。迈克尔·波特在《国家竞争优势》一书中提出竞争优势理论，从全新的视角出发，忽略初级生产要素的作用，注重政府和企业策略的影响。该理论将影响国际竞争力的四个核心要素和两个辅助要素建成钻石模型（见图 3-1），这些因素间相互作用、相互影响，进一步完善了比较优势理论，不但对比较优势理论所忽视的高级生产要素进行了阐述，而且引入了制度经济学的一些内容，重视国际贸易中的政策以及企业策略因素的影响。

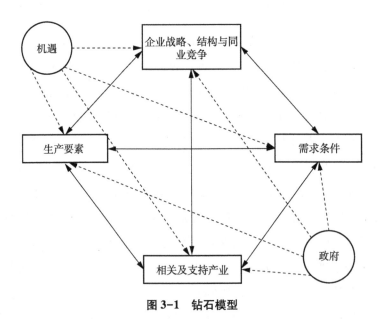

图 3-1　钻石模型

（一）生产要素

波特将其划分为初级生产要素和高级生产要素，初级生产要素是指一国先天拥有的要素，如原材料、地理环境及区位等，高级生产要素是指通过投资产生的要素，如通信基础设施、技术知识等。随着产业纷纷向知识密集型转型，初级生产要素和高级生产要素的地位此消彼长，高级生产要素成为决定一国竞争优势的关键因素。

（二）需求条件

国内需求可以提升一国的国家竞争优势。内需市场是产业发展的动力，主要包括需求的结构、需求的规模和需求的成长。

（三）相关及支持产业

相关及支持产业是指某一产业的上游供应商和关联支持性产业，它们之间相互扶持、休戚与共，相互增强彼此的国际竞争力，最终形成具有竞争力的产业簇群。

（四）企业战略、结构与同业竞争

每个国家都有各自的企业战略和结构，其对出口的竞争力具有正面或负面的影响。同时，企业在竞争压力的激发下，会通过发挥高级生产要素优势，拓展国际市场，提升自己的出口竞争力。

（五）机遇和政府

机遇是指无法控制的随机事件，与四大核心要素相互影响，其作用具有两面性，一方抓住机遇获得竞争优势也意味着原有优势方丧失竞争优势；政府的影响也不可漠视，可以通过投入外部成本，如开发基础设施、开放资本渠道、培养信息整合能力来发挥作用。

目前研究文献大都选取中国与东盟出口的全部产品或某一特定产品作为分析对象，没有针对某一市场上主要的竞争产品进行的分析，且对竞争力差异的原因分析缺乏体系。因此，本章根据中国与东盟历年对美国出口的数据筛选出主要竞争产品，对这些主要竞争产品的竞争力进行比较分析。

第二节 中国和东盟主要竞争产品的市场规模与结构比较

一、中国和东盟主要竞争产品的界定

中国和东盟在美国市场上的主要竞争产品指的是中国和东盟在美国这个特定的出口市场上互相竞争的主要产品。本章选取2007—2016年中国和东盟对美国的出口数据，根据HS两位编码商品类别来界定中国与东盟在美国市场上的主要竞争产品。首先根据历年出口数据找出中国对美国出口额居前十位的产品，从中找出重叠产品。同理，找出历年东盟对美国出口重叠产品。这些重叠产品就是2007—2016年双方分别对美国出口的主要产品（见表3-1）。

表3-1 中国和东盟对美国出口的主要产品（HS分章）

中国	东盟
85章	85章
84章	84章
94章	61章
95章	62章
62章	94章
64章	
61章	
87章	
39章	

资料来源：根据UN Comtrade Database及ASEAN stats数据库整理所得。

归纳出双方分别对美国市场的主要出口产品后，再相互对比找出重叠产品，这些重叠产品就是2007—2016年中国和东盟在美国市场上主要的竞争产品（见表3-2），HS分章分别为85章、84章、61章、62章、94章的产品。根据2017—2016年中国和东盟对美国出口贸易数据可知，HS分章

为85章、84章、61章、62章的产品出口总额占双方主要竞争产品出口总额的90.9%，故本章选取上述机电类产品（HS分章85章、84章）及服装类产品（HS分章61章、62章）作为本章讨论的主要竞争产品。

表3-2 中国和东盟在美国市场主要竞争产品 单位：亿美元

		HS分章				
		85章	84章	61章	62章	94章
2007年	中国	505	574	78	89	137
	东盟	257	268	83	60	28
2008年	中国	538	598	73	91	145
	东盟	237	240	86	59	28
2009年	中国	480	568	85	96	126
	东盟	175	188	70	44	22
2010年	中国	584	745	113	116	160
	东盟	239	179	91	59	31
2011年	中国	657	844	132	123	176
	东盟	228	154	101	63	31
2012年	中国	757	877	137	125	211
	东盟	251	161	95	59	35
2013年	中国	815	880	148	134	231
	东盟	264	172	105	64	38
2014年	中国	914	919	162	143	242
	东盟	294	176	111	70	41
2015年	中国	945	853	176	151	291
	东盟	313	188	115	75	46
2016年	中国	927	799	161	143	274
	东盟	339	192	113	75	48

资料来源：根据UN Comtrade Database及ASEAN stats数据库整理所得。

二、中国和东盟主要竞争产品在美国市场的规模比较

（一）中国和东盟对美国机电类产品出口的规模比较

根据联合国商品贸易数据库资料，除去全球经济危机影响，2005—

2016 年美国机电类产品的进口总额总体呈上升趋势，2005 年美国机电类产品的进口总额为 4 398 亿美元，2016 年上升至 6 506 亿美元（见图 3-2）。鉴于美国市场巨大的进口潜力，中国和东盟都积极促进与美国的贸易合作，根据联合国商品贸易数据库资料，中国自 2004 年以来，一直位列美国机电类产品进口数额首位，美国自东盟进口机电类产品的数额也不断上升。

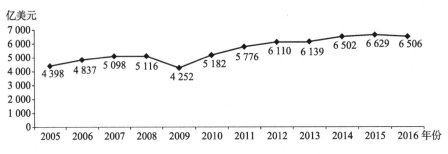

亿美元

图 3-2　2005—2016 年美国机电类产品进口总额

资料来源：根据 UN Comtrade Database 数据库整理所得。

根据联合国商品贸易数据库资料，中国多年来作为美国进口机电产品的第一大来源地，2005—2014 年是对美国机电类产品出口增长的黄金时期，除去受国际经济危机的负面影响，这一期间机电类产品的出口增长迅速，出口总额从 728 亿美元上升至 1 834 亿美元（见图 3-3）。然而 2014年以后，受需求、产业转移以及美国对中国贸易政策改变等因素的影响，中国对美国机电类产品的出口开始呈现下降趋势。

根据东盟数据库资料，东盟作为美国进口机电类产品的重要来源地之一，受 2008 年国际经济危机影响较为严重，2009 年对美国机电类产品的出口额同比下降 23.9%。但是之后东盟迅速摆脱了金融危机的负面影响，在出口总额方面，2011—2016 年，东盟对美国机电类产品的出口额总体呈上升趋势，出口总额从 382 亿美元上升至 531 亿美元，受不确定性因素影响较小（见图 3-3）。

亿美元

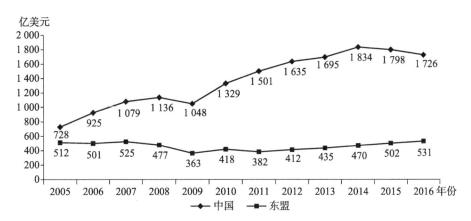

图 3-3 2005—2016 年中国和东盟对美国出口机电产品总额

资料来源：根据 UN Comtrade Database 及 ASEAN stats 数据库整理所得。

（二）中国和东盟对美国服装类产品出口的规模比较

根据联合国商品贸易数据库资料，美国历年来对服装类产品的进口波动较小，2005—2015 年，除去国际经济危机的负面影响，美国对服装类产品的进口额总体呈上升趋势（见图 3-4）。2016 年美国服装类产品的进口额同比呈小幅下降趋势，进口额比上年减少 51 亿美元，降幅为 5.7%，且伴随着新兴经济体特别是东盟的兴起，美国服装类产品进口市场竞争日趋激烈。

亿美元

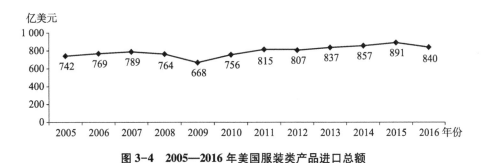

图 3-4 2005—2016 年美国服装类产品进口总额

资料来源：根据 UN Comtrade Database 数据库整理所得。

因为劳动力资源优势突出，中国的服装类产品在世界市场上一直占据重要地位。美国作为中国服装类产品的主要出口市场之一，2005—2015

年，即使受到 2008 年经济危机的冲击，中国对美国服装类出口额总体保持增长。根据联合国商品贸易数据库资料，2005—2015 年，中国对美国服装类产品的出口额由 117 亿美元上升至 327 亿美元（见图 3-5）。但是随着美国进口市场的萎缩以及新兴经济体的兴起，中国对美国服装类产品出口总额的增长率波动较大，根据联合国商品贸易数据库资料计算，2010 年中国对美国服装类产品出口额同比增长了 26.5%，而 2012 年的增长率下滑至 2.7%，2016 年则呈现负增长趋势，同比减少 7%。这反映出自 2012 年以来市场竞争加剧、全球消费疲软，中国服装类产品的出口面临巨大的挑战。

东盟作为新兴经济体，由于低廉劳动力以及原材料的影响，近两年美国对中国的服装类产品订单开始向东盟成员国特别是越南转移。根据东盟数据库计算，2005—2016 年，除去国际经济危机的影响，东盟对美国出口服装类产品总额呈增长趋势，出口总额从 120 亿美元上升至 188 亿美元，且波动较小（见图 3-5）。

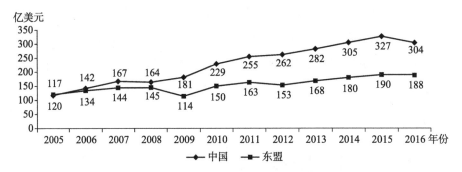

图 3-5　2005—2016 年中国和东盟对美国出口服装类产品总额

资料来源：根据 UN Comtrade Database 及 ASEAN stats 数据库整理所得。

第三节　中国和东盟主要竞争产品的产品结构比较

本节从产品结构方面对中国、东盟在美国市场主要竞争产品的现状进行比较，这里机电类产品指的是 HS 分类中 85 章电机、电气、音像设备及零件产品和 84 章核反应堆及相应零件产品,服装类产品指的是 61 章针织或钩编的服装及衣着附件和 62 章非针织或钩编的服装及衣着附件。

一、机电类产品出口的产品结构比较

图 3-6 体现了中国和东盟对美国机电类产品出口的基本构成情况,可以看出,无论是 85 章电机、电气、音像设备及零件产品还是 84 章核反应堆及相应零件产品,中国和东盟在变动趋势上具有比较强的一致性,即 85 章产品总体呈上升趋势,84 章产品总体呈下降趋势,这反映出需求因素对双方的共同作用。对中国来说,2006—2014 年,84 章产品的出口份额占比都高于 85 章产品,两章产品的差距自 2011 年开始缩小,并于 2014 年发生逆转,85 章产品的出口份额占比超过了 84 章产品,并且两者差距有持续扩大的趋势。对东盟来说,自 2009 年 85 章产品份额占比超过 84 章后,两者的差距持续扩大。

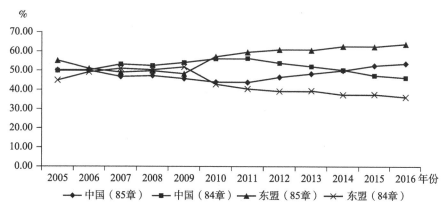

图 3-6 2005—2016 年中国和东盟对美国机电类产品出口结构

资料来源:根据 UN Comtrade Database 及 ASEAN stats 数据库整理所得。

二、服装类产品出口的产品结构比较

图 3-7 体现了中国和东盟对美国服装类产品出口的基本构成情况,与

机电类产品类似，可以看出，无论是 61 章还是 62 章服装类产品，中国和东盟在变动趋势上一致性比较强，即 61 章产品出口份额占比总体呈上升趋势，62 章产品出口份额占比总体呈下降趋势，这同样反映出需求因素对双方的共同作用。对中国来说，2010 年之前，中国对美国在 62 章非针织或钩编的服装及衣着附件方面的出口份额占比一直高于 61 章针织或钩编的服装及衣着附件。2010 年之后，61 章产品的出口份额占比则高于 62 章产品，2016 年两者的差距有缩小的趋势。对东盟来说，东盟对美国在 61 章针织或钩编的服装及衣着附件方面的出口份额占比一直高于 62 章非针织或钩编的服装及衣着附件，且两者差距较大。

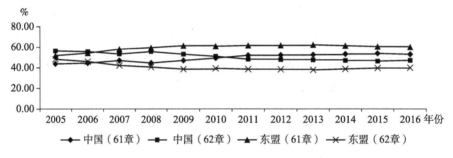

图 3-7　2005—2016 年中国和东盟对美国服装类产品出口结构

资料来源：根据 UN Comtrade Database 及 ASEAN stats 数据库整理所得。

三、出口规模和产品结构各具特色

本节从出口规模及产品结构两个方面分析了中国和东盟在美国市场主要竞争产品的出口特征。在出口规模方面，对机电类产品来说，在美国市场上中国的出口量一直高于东盟。与中国相比，东盟机电类产品虽然起步较晚，但是增长稳定，尤其是 2014 年之后，在中国对美国出口量出现下降的情况下，东盟的出口量依然稳步上升，进一步缩小了双方之间的差距。对服装类产品来说，在美国市场上中国的出口量也占据优势，但是波动较大。与中国相比，东盟服装类产品出口增长稳定，且双方差距有缩小的趋势。

产品结构方面，中国和东盟在机电类产品和服装类产品上的变动趋势都有较强的一致性。对机电类产品来说，中国和东盟对 85 章产品的出口份额都呈上升趋势，84 章产品的出口份额都呈下降趋势，两类产品的差距日趋扩大。对服装类产品来说，中国和东盟对 61 章产品出口总体呈上升趋势，62 章产品出口总体呈下降趋势，但是 2016 年中国和东盟在美国市场 61 章产品的出口份额同比下滑，62 章产品的出口份额同比上升。中国和东盟在机电类和服装类产品上有较强的变动一致性，反映出两者受美国市场需求因素的共同作用。

第四节 中国和东盟主要竞争产品的竞争力比较

一、市场占有率分析

国际市场占有率（international market share，IMS）指的是一国某类产品的出口额占世界各国该类产品总出口的比重，一般情况下国际市场占有率与国际市场上的竞争力呈正比，即 MS_{ij} 值越大，表明 i 国 j 产品在国际市场上的竞争力越强。从研究实际需要出发，本节适当调整了 MS 指数的相关计算公式，将出口范围限定于美国市场上，调整后的公式如下：

$$MS_i = X_i / X_u \tag{3-1}$$

其中，MS_i 表示 i 国主要竞争产品在美国市场上的市场占有率，X_i 表示 i 国对美国主要竞争产品的出口额，X_u 表示美国对上述主要竞争产品的进口额。指数的测算结果和国际市场上的竞争力呈正比，即测算结果越大，相关产品竞争力越强。

（一）中国和东盟机电类产品在美国市场的占有率比较

根据式（3-1）计算出中国和东盟机电类产品在美国市场上的占有率。从占有率的变化趋势上可以看出（见图 3-8），2005—2014 年中国机电类产品在美国市场上的占有率持续上升，从 16.6% 上升至 28.1%。2014—

2016 年，中国机电类产品在美国市场上的占有率连续两年下跌。反观东盟，2005—2011 年机电类产品在美国市场上的占有率一路下跌，从 11.7%跌至 6.6%。2011 年之后，东盟机电类产品在美国市场上的占有率稳步上升。总体来说，在美国市场上，中国机电类产品的市场占有率具有明显优势，但是近年呈下降趋势。东盟机电类产品的市场占有率近年则呈上升趋势，双方之间的差距在持续缩小。

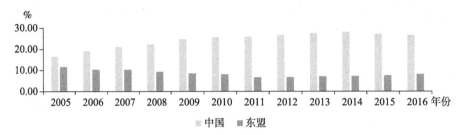

图 3-8　2005—2016 年中国和东盟机电类产品在美国市场的占有率

资料来源：根据 UN Comtrade Database 及 ASEAN stats 数据库计算所得。

根据联合国商品贸易数据库，2016 年在中国和东盟对美国出口的 HS 四位编码商品中，中国对美国出口超过 30 亿美元的产品包括 10 类产品共计 1 161 亿美元，东盟则包括 5 类产品共计 308 亿美元，分别占中国和东盟对美国机电类产品贸易额的 67.28%和 58.03%。因此，根据 HS 四位编码，分别筛选出中国和东盟对美国出口额高于 30 亿美元的机电类产品，作为对两国竞争力分析的重点产品。中国和东盟在美国出口市场的机电类重点产品如表 3-3 所示，其中 HS8471 和 HS8517 类产品中国和东盟对美国的出口额都超过了 60 亿美元，说明在美国市场上，中国和东盟在 HS8471 自动数据处理设备及 HS8517 部件和有线电话、电报设备方面处于直接竞争状况。相较于东盟，中国自动数据处理设备类产品的出口额占据 48.99%的市场份额，优势明显。在美国有线电话、电报设备的市场中，中国和东盟的市场占有率接近，两者之间的竞争较为激烈。

表 3-3 中国和东盟在美国出口市场的机电类重点产品

中国				东盟			
HS 编码	出口额 （亿美元）	占中国机电 类出口 百分比 （%）	占美国同类 产品进口 百分比 （%）	HS 编码	出口额 （亿美元）	占东盟机电 类出口 百分比 （%）	占美国同类 产品进口 百分比 （%）
8471	424. 82	24. 62	48. 99	8517	91. 97	17. 31	16. 78
8525	278. 41	16. 13	45. 78	8542	67. 65	12. 74	21. 68
8517	116. 37	6. 74	21. 23	8471	64. 64	12. 17	7. 45
8528	82. 48	4. 78	38. 82	8541	44. 65	8. 41	32. 21
8473	65. 19	3. 78	40. 00	8443	39. 37	7. 41	38. 20
8516	50. 66	2. 94	62. 02				
8504	38. 98	2. 26	27. 55				
8518	36. 81	2. 13	65. 02				
8544	36. 71	2. 13	18. 98				
8481	30. 74	1. 78	22. 32				

资料来源：根据 UN Comtrade Database 及 ASEAN stats 数据库整理所得。

2016 年中国对美国出口的重点机电类产品中，市场占有率超过 30% 的产品有 6 类，分别为 HS8471、HS8525、HS8528、HS8473、HS8516、HS8518，其中 HS8516 类家用电热器产品和 HS8518 类传声器扬声器及音频设备产品的出口额分别为 50. 66 亿美元和 36. 81 亿美元，分别占美国同类产品进口的 62. 02% 和 65. 02%，中国这两类产品的出口竞争力较强。同期东盟在美国市场上占有率超过 30% 的有两类，分别是 HS8541 类半导体器件产品和 HS8443 类印刷机产品。中国和东盟重点出口产品显示两者在国际分工中地位相近，都主要依靠熟练劳动力及标准化生产设备，出口劳动密集型产品。

（二）中国和东盟服装类产品在美国市场的占有率比较

从双方服装类产品在美国市场占有率的变化来看（见图 3-9），2005—2016 年中国的市场占有率总体呈上升趋势，由 15. 8% 上升至 36. 2%，但是近年来增速放缓，其中 2016 年更是有略微下降，降幅为

0.5%。反观东盟，自2012年以来其市场占有率一直稳步上升，中国和东盟服装类产品在美国市场的占有率差距在持续缩小。

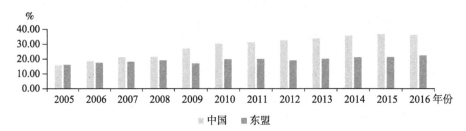

图3-9　2005—2016年中国和东盟服装类产品在美国市场的占有率

资料来源：根据UN Comtrade Database及ASEAN stats数据库计算所得。

2016年在中国和东盟对美国出口的HS四位编码产品中，中国对美国出口超过15亿美元的产品包括5类产品共计170亿美元，东盟则包括4类产品共计93亿美元，分别占中国和东盟对美国服装类产品贸易额的55.99%和49.37%。因此，根据HS四位编码，分别筛选出中国和东盟对美国出口额高于15亿美元的服装类产品，作为对两国竞争力分析的重点产品。中国和东盟在美国出口市场的服装类重点产品如表3-4所示，其中HS6110针织或钩编的套头衫、开襟衫、马甲类，HS6104针织或钩编的女式西服套装、便服套装类，HS6204女式西服套装、便服套装类，HS6109针织或钩编的T恤衫、汗衫及其他背心类产品，中国和东盟对美国的出口额都超过了15亿美元，说明中国和东盟出口的这些产品在美国市场上有直接竞争。中国HS6204类、HS6110类产品在美国市场上的占有率分别为52.59%、31.18%，对比东盟优势明显。中国和东盟出口的HS6104类、HS6109类产品在美国市场上占有率接近，相互竞争性较强。

2016年中国对美国出口的重点服装类产品中，市场占有率超过30%的产品有4类，分别为HS6204、HS6110、HS6104、HS6109，其中，HS6204女式西服套装、便服套装类和HS6104针织或钩编的女式西服套装、便服套装类的出口额分别为53.84亿美元和31.49亿美元，分别占美国同类产品进口的52.59%和51.02%，中国这两类产品的出口竞争力较强。同期东盟在美国市场上占有率超过 30% 的只有 HS6104 类产品。中国和东盟重点出口产品显示中国和东盟在国际竞争中地位相近，都主要依靠熟练劳动力及标准化生产设备，出口劳动密集型产品。

表 3-4　中国和东盟在美国出口市场的服装类重点产品

中国				东盟			
HS 编码	出口额（亿美元）	占中国服装类出口百分比（%）	占美国同类产品进口百分比（%）	HS 编码	出口额（亿美元）	占东盟服装类出口百分比（%）	占美国同类产品进口百分比（%）
6204	53.84	17.70	52.59	6110	27.29	14.50	19.10
6110	44.56	14.65	31.18	6104	26.09	13.86	42.27
6104	31.49	10.35	51.02	6204	23.77	12.63	23.22
6203	20.88	6.87	24.76	6109	15.78	8.38	26.36
6109	19.52	6.42	32.60				

资料来源：根据 UN Comtrade Database 及 ASEAN stats 数据库整理所得。

二、出口相似度指数测算及比较分析

出口相似度指数是评测两个经济体出口产品相似程度最常用的指数，一般情况下，两个经济体的出口产品相似程度越高，竞争越激烈。出口相似度指数最早由 Finger 和 Kreinin 提出，后来又经过 Click-Rose 的修正，通过对两个经济体在第三方出口市场上出口产品相似程度的测算，反映双方竞争的激烈程度。

出口相似度指数的计算公式如下：

$$S_{th,m} = \sum_j \left\{ \left[\frac{(X_{tmj}/X_{tm}) + (X_{hmj}/X_{hm})}{2} \right] \left[1 - \left| \frac{(X_{tmj}/X_{tm}) - (X_{hmj}/X_{hm})}{(X_{tmj}/X_{tm}) + (X_{hmj}/X_{hm})} \right| \right] \right\} \times 100$$

$$(3-2)$$

其中，$S_{th,m}$ 代表 t 国和 h 国向第三方市场 m 出口产品的相似度指数，X_{tmj}/X_{tm} 表示 t 国向 m 市场输出产品时 j 种产品所占份额；X_{hmj}/X_{hm} 表示 h 国向 m 国输出产品时 j 种产品所占份额。$S_{th,m}$ 在 0~100 取值，当 $S_{th,m}$ 取值为

0 时，表示 t、h 两经济体在第三方市场的出口结构分布完全不同；当 $S_{th,m}$ 取值为 100 时，表示 t、h 两经济体在第三方市场的出口结构分布完全相同。本节中，t 代表中国，h 代表东盟，m 代表第三方市场美国。下面根据 HS 四位及六位编码数据，分别计算中国和东盟主要竞争产品在美国市场上的三类出口相似度指数：总体出口相似度指数、HS 分章出口相似度指数以及重点产品出口相似度指数。

（一）总体出口相似度指数的测算与比较

总体出口相似度指数指的是用 HS 两位编码数据计算的中国和东盟在美国市场主要竞争产品的出口相似度指数，其测算结果的大小代表双方主要竞争产品在美国市场的总体竞争程度（见表 3-5）。2005—2016 年，总体出口相似度指数都在 50 上下波动，表明中国和东盟在美国市场上主要竞争产品处于中等竞争水平。2005—2011 年，总体出口相似度指数整体呈下降趋势，从 51.80 降至 42.74，之后双方总体出口相似度指数持续上升，说明近年来中国和东盟主要竞争产品在美国市场的竞争激烈程度也在上升。

表 3-5　2005—2016 年中国和东盟在美国市场总体出口相似度指数

年份	总体出口相似度指数
2005	51.80
2006	52.38
2007	53.45
2008	51.10
2009	52.38
2010	46.56
2011	42.74
2012	43.88
2013	44.81
2014	45.22
2015	46.05
2016	46.56

资料来源：根据 UN Comtrade Database 及 ASEAN stats 数据库计算所得。

(二) HS 分章出口相似度指数的测算与比较

HS 分章出口相似度指数是以中国和东盟主要竞争产品各章为整体进行测算的指数,测算结果代表双方各章主要竞争产品在美国市场上的竞争程度。分章来看(见表 3-6),2010—2016 年,中国和东盟对美国出口 HS 编码 61 章、62 章的产品出口相似度波动很小,基本稳定在 80 左右。HS 编码 84 章的产品出口相似度指数由 75.08 降至 62.29,HS 编码为 85 章的产品出口相似度指数由 54.01 降至 47.85,主要是因为中国近年来将劳动密集型机电产业链向东盟转移,自身更注重技术密集型机电产业的发展。

综上可知,中国和东盟在 84 章、85 章的出口相似度指数呈下降趋势,反映出双方在美国市场主要竞争产品中,机电类产品的出口差异有增大趋势。中国和东盟在 61 章、62 章的出口相似度指数非常高,说明中国和东盟的纺织类产品在美国出口市场上结构类别差异很小,相似度非常高,存在比较激烈的竞争。

表 3-6 2010—2016 年中国和东盟在美国市场 HS 分章出口相似度指数

年份	HS 分章			
	61 章	62 章	84 章	85 章
2010	80.60	80.96	75.08	54.01
2011	82.71	81.08	64.68	57.04
2012	82.28	81.65	64.32	53.66
2013	81.35	81.95	63.00	51.73
2014	80.82	79.76	67.72	50.50
2015	81.06	80.28	66.83	50.35
2016	80.86	79.47	62.29	47.85

资料来源:根据 UN Comtrade Database 及 ASEAN stats 数据库计算所得。

(三) 重点产品出口相似度指数的测算与比较

重点产品出口相似度指数的研究对象是上文中归纳的 18 类重点出口产品,根据计算结果,2010—2016 年中国和东盟两经济体的重点产品出口相似度指数变化不大,在 78 上下波动。与总体出口相似度指数对比可知,重点产品出口相似度指数在历年都高于当年的总体指数，说明相比于整体竞争，这些占据中国和东盟最大出口份额的重点产品竞争更为激烈（见表3-7）。

表 3-7   2010—2016 年中国和东盟在美国市场重点产品出口相似度指数

年份	重点产品出口相似度指数
2010	79. 82
2011	78. 76
2012	76. 94
2013	78. 33
2014	78. 98
2015	77. 27
2016	73. 22

资料来源：根据 UN Comtrade Database 及 ASEAN stats 数据库计算所得。

在中国和东盟对美国出口的重点竞争产品中，有 HS 四位编码为 8517、8471、6110、6104、6109、6204 六类重合产品，对这些重合产品进行测算的结果如表 3-8 所示，就各类产品的相似度指数大小来看，HS8517 有线电话、电报设备产品的相似度指数非常低，说明中国和东盟双方产品存在异质性。其余五类重合产品的相似度指数都在较高水平。其中，HS6110 针织或钩编的套头衫、开襟衫、马甲及类似品和 HS6109 针织或钩编的 T 恤衫、汗衫及其他背心产品的相似度指数高于重点产品出口相似度指数，表明中国和东盟出口的该类产品在技术含量等方面相似程度很高，竞争状况激烈。

就六类重合产品相似度指数的增长趋势来看，2010—2016 年，HS8517 有线电话、电报设备产品，HS8471 自动数据处理设备及其部件产品及 HS6109 针织或钩编的 T 恤衫、汗衫及其他背心产品的相似度指数总体呈下降趋势，说明中国和东盟的该类产品出口差异性在增强。HS6110 针织或钩编的套头衫、开襟衫、马甲及类似品，HS6104 针织或钩编的女式套装和 HS6204 女士套装类产品的相似度指数总体呈上升趋势，说明中国和东盟这几类产品的出口相似程度在增强。

总的来说，在技术含量较高的机电类重合产品方面，东盟和中国之间存在较大差异，且有进一步拉大的趋势。在技术含量较低且可以量化生产的服装类产品方面，尽管有个别重合产品（HS6109）的相似度指数下降，但重合产品相似度总体呈上升趋势且相似程度非常高。东盟在该类产品方面的出口竞争力在不断增强。

表3-8 2010—2016年中国和东盟在美国市场重点重合产品出口相似度指数

年份	HS 编码					
	8517	8471	6110	6104	6109	6204
2010	4.70	60.15	77.89	55.62	93.10	69.47
2011	3.55	57.33	81.38	55.43	98.89	73.64
2012	3.36	50.25	84.64	62.63	82.93	74.86
2013	3.04	45.50	89.73	66.42	82.60	74.17
2014	1.71	45.68	89.73	68.50	81.04	73.92
2015	0.57	49.03	90.34	68.17	80.34	70.87
2016	0.58	51.08	86.20	70.58	81.50	69.21

资料来源：根据 UN Comtrade Database 及 ASEAN stats 数据库计算所得。

三、显示性比较优势指数的测算及比较分析

显示性比较优势指数（RCA 指数）在比较分析一国某一类产品的出口与其他国家竞争力的大小方面具有广泛的运用，同时具有相当的说服力。

（一）总显示性比较优势指数的测算与比较

总显示性比较优势指数指的是用 HS 两位编码数据计算的中国和东盟在美国市场主要竞争产品的显示性比较优势指数，其测算结果的大小代表双方主要竞争产品在美国市场的比较竞争优势，同时也反映出主要竞争产品竞争力的长期变化趋势。根据测算结果，2005—2016 年，中国主要竞争产品在美国市场上的总显示性比较优势指数在 1.7 左右波动，表示中国主要竞争产品在美国市场上具有较强的竞争力。东盟主要竞争产品在美国市场上的总显示性比较优势指数总体呈下降趋势，由 2005 年

的 2.3 降至 2016 年的 1.68，表明东盟主要竞争产品在美国市场上虽然仍具有较强的竞争力，但是历年的比较竞争力处于下降趋势（见图 3-10）。

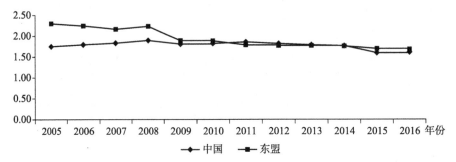

图 3-10　2005—2016 年中国和东盟主要竞争产品总显示性比较优势指数

资料来源：根据 UN Comtrade Database 及 ASEAN stats 数据库计算所得。

（二）HS 分章显示性比较优势指数的测算与比较

HS 分章 RCA 指数是以中国和东盟主要竞争产品各章为整体进行测算的指数，测算结果的大小代表双方各章主要竞争产品在美国市场上的比较竞争优势。从 2005—2016 年的 HS 分章 RCA 指数测算结果来看（见表 3-9），机电类产品中，85 章产品显示性比较优势指数测算结果显示，中国该类产品的历年 RCA 指数总体稳定且略有下降，从 1.83 降至 1.62，表明中国该类产品在美国市场上具有较强的比较竞争优势且在此期间竞争力略微下降；同期东盟该类产品的历年 RCA 指数降幅较大，从 2.49 降至 1.74，表明东盟该类产品在美国市场上具有较强的比较竞争优势，但是在此期间竞争力降幅较大。双方对比而言，虽然具体到每年东盟的比较竞争力仍然强于中国，但是东盟历年的竞争力处于下降趋势，中国和东盟之间的竞争力差距已经可以忽略。84 章产品显示性比较优势指数测算结果显示，中国该类产品的历年 RCA 指数都在 1.45~1.99，表明中国该类产品在美国市场上具有较强的竞争力。2005—2008 年，中国该类产品 RCA 指数呈上升趋势，表明竞争力在增强，2010—2016 年，中国该类产品 RCA 指数总体呈下降趋势，表明竞争力有所下降。东盟该类产品的历年 RCA 指数降幅较大，自 2008 年开始，东盟该类产品 RCA 指数持续下降并在 2011 年及之后跌至 1.25 以下，表明 2011 年东盟该类产品在美国市场的竞争力由较强转为一般。双方对比来看，自 2008 年中国该类产品 RCA 指数首次超过东盟后，中国的比较竞争优势一直强于东盟，但是近年来双方之间的差距有缩小趋势。

服装类产品中，2005—2016 年，62 章产品显示性比较优势指数测算结果显示，中国和东盟该类产品 RCA 指数总体都呈上升趋势，其中中国从 1.79 升至 2.16，东盟从 2.74 升至 3.34。表明中国该类产品在美国市场上具有较强的竞争力且竞争力在不断增强，东盟该类产品在美国市场上具有极强的竞争力且竞争力同样在增强。双方对比而言，具体到每一年来看，东盟该类产品的 RCA 指数都大于中国，表明东盟该类产品在美国市场的竞争力强于中国。61 章产品显示性比较优势指数测算结果显示，中国和东盟的该类产品 RCA 指数总体都呈上升趋势，其中中国从 1.56 升至 2.06，东盟从 3.32 升至 4.27。表明中国该类产品在美国市场上具有较强的竞争力且竞争力在不断增强，东盟该类产品在美国市场上具有极强的竞争力且竞争力同样在增强。双方对比而言，具体到每一年来看，东盟该类产品的 RCA 指数都大于中国，表明东盟该类产品在美国市场的竞争力强于中国。

总的来说，中国机电类主要竞争产品（85 章、84 章）在美国市场上具有较强的竞争力且竞争力强于东盟。服装类主要竞争产品（62 章、61 章）是东盟的优势出口产业，在美国市场上具有极强的竞争力且竞争力强于中国。

表 3-9　2005—2016 年中国和东盟 HS 分章显示性比较优势指数

年份	HS 分章							
	85		84		62		61	
	中国	东盟	中国	东盟	中国	东盟	中国	东盟
2005	1.83	2.49	1.69	1.88	1.79	2.74	1.56	3.32
2006	1.86	2.16	1.75	1.95	1.87	3.07	1.60	3.86
2007	1.77	1.99	1.89	1.94	1.96	2.93	1.71	3.99
2008	1.84	2.00	1.96	1.93	2.09	3.33	1.60	4.67

续表

年份	HS 分章							
	85		84		62		61	
	中国	东盟	中国	东盟	中国	东盟	中国	东盟
2009	1.63	1.60	1.94	1.73	2.16	2.67	1.77	3.93
2010	1.57	1.83	1.99	1.35	2.26	3.24	1.95	4.48
2011	1.64	1.76	1.97	1.11	2.23	3.54	2.13	5.00
2012	1.71	1.86	1.83	1.10	2.18	3.34	2.13	4.81
2013	1.72	1.80	1.76	1.12	2.15	3.30	2.10	4.81
2014	1.76	1.85	1.67	1.05	2.22	3.54	2.11	4.71
2015	1.61	1.75	1.45	1.04	2.10	3.41	2.04	4.36
2016	1.62	1.74	1.47	1.04	2.16	3.34	2.06	4.27

资料来源：根据 UN Comtrade Database 及 ASEAN stats 数据库计算所得。

（三）重点产品显示性比较优势指数的测算与比较

根据 2016 年的数据对上文中涉及的 18 类 HS 四位编码竞争产品进行显示性比较优势指数测算，测算结果如表 3-10 所示。中国和东盟在美国市场上 HS6104 针织或钩编的女式套装类和 HS6204 女式套装类的 RCA 指数都大于 2.5，而且东盟的指数大于中国。说明在这两类产品上中国和东盟在美国市场上都具有极强的竞争力，且东盟的竞争力高于中国。双方其他 16 类竞争产品的显示性比较优势指数不都大于 2.5，表明这些主要竞争产品中，双方不存在交叉竞争，也就是说，在美国市场上这些重点竞争产品，中国具有极强的竞争优势，东盟的竞争力弱于中国。

表 3-10　2016 年中国和东盟重点产品显示性比较优势指数

HS 编码	中国		东盟	
	RCA	出口额（亿美元）	RCA	出口额（亿美元）
6104	2.97	31.49	7.25	26.09
6109	1.90	19.52	4.52	15.78
6110	1.82	44.56	3.28	27.29
6203	1.44	20.88	2.96	14.56

续表

HS 编码	中国		东盟	
	RCA	出口额（亿美元）	RCA	出口额（亿美元）
6204	3.07	53.84	3.98	23.77
8443	0.78	13.75	6.55	39.37
8471	2.86	424.82	1.28	64.64
8473	2.33	65.19	1.35	12.85
8481	1.30	30.74	0.46	3.72
8504	1.61	38.98	1.48	12.21
8516	3.62	50.66	1.12	5.32
8517	1.24	116.37	2.88	91.97
8518	3.79	36.81	1.91	6.31
8525	2.67	278.41	0.17	6.04
8528	2.26	82.48	0.90	11.09
8541	0.88	21.03	5.52	44.65
8542	0.25	13.51	3.72	67.65
8544	1.11	36.71	1.19	13.43

资料来源：根据 UN Comtrade Database 及 ASEAN stats 数据库计算所得。

重点产品中除去双方存在竞争交叉的 HS6104、HS6204 产品，中国 RCA 指数大于 1.25 的有 11 类，分别是 HS6109、HS6110、HS6203、HS8471、HS8473、HS8481、HS8504、HS8516、HS8518、HS8525 和 HS8528。其中有四类具有极强的竞争力（RCA＞2.5），分别是 HS8471、HS8516、HS8518 和 HS8525，在这四类产品中，中国的竞争力都强于东盟。HS8518 传声器、音频扩大器及电气扩音组类是中国在美国市场上竞争力最强的产品，RCA 指数达到 3.79，出口额为 36.81 亿美元，占美国同类商品进口的 65.02%。东盟同类产品的 RCA 指数为 1.91，出口额仅为 6.31 亿美元。HS8516 家用电热器具类是中国在美国市场上竞争力次强的产品，RCA 指数为 3.62，出口额为 50.66 亿美元，占美国同类产品进口的 62.02%。东盟同类产品的 RCA 指数为 1.12，出口额仅为 5.32 亿美元。

HS8471 自动数据处理设备及其部件类产品中国的 RCA 指数为 2.86，出口额为 424.82 亿美元，占美国同类产品出口的 48.99%。东盟同类产品的 RCA 指数为 1.28，出口额为 64.64 亿美元。HS8525 无线电话、电报、电视设备类产品中国的 RCA 指数为 2.67，出口额为 278.41 亿美元，占美国同类产品进口的 45.78%。东盟同类产品的 RCA 指数仅为 0.17，出口额为 6.04 亿美元。

重点产品中除去双方存在竞争交叉的 HS6104、HS6204 产品，东盟 RCA 指数大于 1.25 的有 11 类，分别是 HS6109、HS6110、HS6203、HS8443、HS8471、HS8473、HS8504、HS8517、HS8518、HS8541 和 HS8542。其中有七类具有极强的竞争力，分别是 HS6109、HS6110、HS6203、HS8443、HS8517、HS8541 和 HS8542，在这七类产品中，东盟的 RCA 指数都高于中国，表明东盟这七类产品在美国市场的竞争力都强于中国。

四、贸易竞争优势指数的测算及比较分析

上文运用显示性比较优势指数对中国和东盟的主要竞争产品进行了测算分析，该指数广泛运用于测算一国出口竞争力。但是显示性比较优势指数仍然有它的局限性，即只关注一国产品的出口而忽略了进口因素对一国出口竞争力的影响，对于中国和东盟这两个加工贸易基地，美国进口这些主要竞争产品的同时，也会向它们出口同类产品。因此，接下来利用贸易竞争优势指数的测算更为客观地衡量中国和东盟对美国的出口竞争力。

(一) 总体贸易竞争力指数的测算与比较

总体贸易竞争力指数指的是用 HS 两位编码数据计算的中国和东盟在美国市场主要竞争产品的贸易竞争力指数。其测算结果的大小代表双方主要竞争产品在美国市场的贸易竞争强弱及长期变化趋势。根据测算结果（见图 3-11），2005—2016 年，中国主要竞争产品在美国市场上的总体贸易竞争力指数在 0.7 左右轻微波动，表示中国主要竞争产品在美国市场上

总体呈净出口状态且具有较强且稳定的竞争力。2005—2016 年，东盟主要竞争产品在美国市场上的总体贸易竞争指数大于零，说明其主要竞争产品在美国市场呈净出口状态。然而 2007—2011 年，其指数从 0.3 降至 0.14，在其后的数年指数又升至 0.39，表明东盟主要竞争产品在美国市场上虽处于净出口的状态，但是竞争力不强且波动较大。总体来看，相比于东盟，中国主要竞争产品在美国市场上具有更为稳定且强势的竞争力。

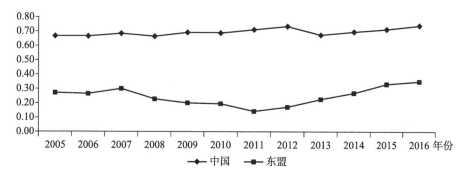

图 3-11　2005—2016 年中国和东盟主要竞争产品总体贸易竞争力指数

资料来源：根据 UN Comtrade Database 及 ASEAN stats 数据库计算所得。

（二）HS 分章贸易竞争力指数的测算与比较

　　HS 分章贸易竞争力指数是以中国和东盟主要竞争产品各章为整体进行测算的指数，测算结果的大小代表双方各章主要竞争产品在美国市场上的出口状态及贸易竞争力。根据 2005—2016 年的 HS 分章贸易竞争力指数测算（见表 3-11），机电类产品中，85 章产品的指数测算结果显示，中国该类产品的历年贸易竞争力指数总体稳定且略有上升，从 0.622 上升至 0.709，表明中国该类产品在美国市场上一直处于净出口状态且贸易顺差增大，具有稳定且较强的竞争力；东盟该类产品的历年贸易竞争力指数逐年上升，从 0.086 升至 0.295，表明东盟该类产品在美国市场上同样处于净出口状态且贸易顺差增大，竞争力增强。双方对比而言，在该类产品上双方的贸易竞争力都处于增强状态，具体到每年来看中国的贸易竞争力都强于东盟，但是东盟贸易竞争力的增长速度明显快于中国，双方之间的差距逐年缩小。84 章产品的贸易竞争力指数测算结果显示，中国该类产品的指数在 0.65 左右波动，较为稳定，表明中国该类产品在美国市场上处于净出口状态，具有较强且稳定的竞争力；东盟该类产品的指数总体呈下降趋势，由 0.301 降至 0.090，2011—2014 年指数小于零，由净出口转为净进口状态，表明东盟该类产品在美国市场上的贸易状态不稳定，竞争力较弱。双方对比而言，具体到每年来看中国的贸易竞争力都强于东盟，且差距较大。

服装类产品中，中国和东盟在美国市场上的 62 章、61 章的贸易竞争力指数历年来都接近于 1，说明这两章产品双方对美国几乎仅存在出口的情况。双方服装类产品在美国市场上都具有极强且稳定的竞争力。

总的来说，中国机电类主要竞争产品（85 章、84 章）在美国市场上具有较强的贸易竞争力且竞争力强于东盟。服装类主要竞争产品（62 章、61 章）是中国和东盟的共同优势，在美国市场上都具有极强的竞争力。

表 3-11　2005—2016 年 HS 分章贸易竞争力指数

年份	HS 分章							
	85		84		62		61	
	中国	东盟	中国	东盟	中国	东盟	中国	东盟
2005	0.622	0.086	0.627	0.301	0.998	0.993	0.999	0.995
2006	0.596	0.048	0.654	0.284	0.998	0.992	0.999	0.995
2007	0.606	0.116	0.681	0.265	0.998	0.991	0.999	0.996
2008	0.585	0.073	0.664	0.127	0.997	0.990	0.997	0.995
2009	0.601	0.035	0.691	0.100	0.998	0.989	0.998	0.993
2010	0.588	0.070	0.691	0.015	0.998	0.990	0.998	0.993
2011	0.650	0.031	0.688	-0.113	0.998	0.985	0.998	0.992
2012	0.682	0.110	0.713	-0.100	0.998	0.979	0.997	0.990
2013	0.562	0.163	0.700	-0.051	0.998	0.983	0.998	0.993
2014	0.619	0.222	0.692	-0.028	0.998	0.986	0.998	0.993
2015	0.658	0.247	0.687	0.092	0.998	0.989	0.999	0.995
2016	0.709	0.295	0.694	0.090	0.995	0.991	0.997	0.995

资料来源：根据 UN Comtrade Database 及 ASEAN stats 数据库计算所得。

(三) 重点产品贸易竞争力指数的测算与比较

根据 2016 年的数据对上文中涉及的 18 类 HS 四位编码竞争产品进行贸易竞争力指数测算，测算结果如表 3-12 所示。中国对美国出口重点产品中，只有 HS8542 贸易竞争力指数为负值，即中国的集成电路及微电子组件产品对美国出口处于贸易逆差状态。其他所有产品的贸易竞争力指数都大于零，处于贸易顺差状态。东盟对美国出口的重点产品中，HS8542、HS8481 贸易竞争力指数为负值，即东盟集成电路及微电子组件产品和管道控制阀类产品对美国出口处于贸易逆差状态。服装类重点产品 HS6104、HS6109、HS6110、HS6203、HS6204 中，双方贸易竞争力指数都接近于 1，都具有较强的竞争力。机电类重点产品中，除了 HS8443、HS8541、HS8542 类产品中国竞争力低于东盟，其他都高于东盟。

表 3-12　2016 年重点产品贸易竞争力指数

HS 编码	中国	东盟	HS 编码	中国	东盟
6104	0.99	0.99	8504	0.81	0.62
6109	0.99	0.99	8516	0.96	0.74
6110	0.99	0.99	8517	0.88	0.80
6203	0.99	0.99	8518	0.95	0.77
6204	0.99	0.99	8525	0.99	0.67
8443	0.78	0.90	8528	0.99	0.89
8471	0.96	0.76	8541	0.44	0.69
8473	0.94	0.34	8542	-0.73	-0.27
8481	0.41	-0.28	8544	0.80	0.62

资料来源：根据 UN Comtrade Database 及 ASEAN stats 数据库计算所得。

五、市场占有率和出口相似度指数测算结果

本节利用指数分析体系从三个层次对中国和东盟在美国市场主要竞争产品进行了分析：首先，通过市场占有率和出口相似度指数的测算，总体概括了双方主要产品竞争的现状及激烈程度。通过市场占有率指数的测

算，表明中国和东盟在美国市场上主要竞争产品的市场占有率之间的差距在缩小，在筛选出的重点产品中，双方在机电类产品 HS8471 与 HS8617 上存在直接竞争，在服装类产品 HS6110、HS6104、HS6204 和 HS6109 上存在直接竞争。市场占有率测算结果显示，中国和东盟在国际分工中的地位接近，主要依靠熟练劳动力及标准化生产设备，出口劳动密集型产品。通过相似度指数测算，中国和东盟在美国市场上主要竞争产品的出口相似度指数在 50 上下波动，即处于中等竞争水平。HS 分章产品中，中国和东盟在服装类 61 章和 62 章产品相似度指数高达 80，且波动很小，说明双方服装类产品结构差异小，存在激烈竞争。机电类 84 章与 85 章产品相似度指数呈下降趋势，说明双方机电类产品出口差异增大。在筛选出的重点产品中，重点产品总体相似程度高于主要竞争产品的相似程度，竞争激烈，其中，服装类重点产品相似度高且呈上升趋势，双方在服装类产品之间的竞争最为激烈。其次，通过对主要竞争产品 RCA 指数的测算，筛选出中国和东盟各自占有相对竞争优势的出口产品，根据测算结果，中国在机电类产品上占有相对优势，东盟在服装类产品上占有相对优势。中国和东盟对美国市场出口的 18 类重点商品中，双方在 HS6104 针织或钩编的女式套装类和 HS6204 女式套装类存在竞争交叉，都具有极强的竞争力。最后，利用贸易竞争优势指数在排除产业内贸易影响的前提下进行分析，结果表明，中国在机电类的产品出口上对美国有较强的贸易竞争优势，中国和东盟在服装类的产品上对美国都具有较强的贸易竞争优势。

第五节　中国主要竞争产品竞争力的影响因素

经济贸易全球化的深入变革使得区域之间的贸易竞争愈演愈烈，相应地，如何在出口市场上提升中国主要产品的出口竞争力也成为研究的热点。上一节利用指标体系对中国和东盟主要竞争产品的竞争力进行比较分析，本节将对竞争力产生差异的原因进行进一步的分析。任何一个国家或地区的发展都是在一定的内外环境下进行的，根据钻石模型六大要素的分析可以考察一个国家或地区的竞争力影响因素,这些因素的优劣程度及其在地域上的组合,构成了一个国家或地区产业发展的基础和重要前提。通过对钻石模型的进一步拓展,将知识吸收与创新能力纳入分析框架中进行分析梳理,以便准确了解国内与国际因素的影响,从而提升我国出口竞争力。

一、拓展后的钻石模型

波特的"钻石模型"在国家、产业、企业三个层次间进行了有效的连接,但是对于中国和东盟各成员国来说,并不完全具备与钻石模型相匹配的国内经济环境。因此,本节从实际出发对钻石模型进行了修改和进一步的完善,将拓展后的"钻石模型"作为理论框架对中国在美国市场上主要竞争产品的影响因素进行分析。将知识吸收与创新能力作为核心因素,连同生产要素、需求条件、相关及支持性产业、企业战略结构及竞争、国内环境、国际环境和机遇来研究对竞争力的影响。由于中国和东盟成员国都是发展中国家,在参与国际产业分工时首先要培养自己的知识吸收与创新能力,才能在产业链中有好的定位,进而获得持续的竞争力。所以,在影响竞争力因素分析中,其他因素均以知识吸收与创新能力为核心,而机遇无处不在,构成新的"钻石模型"(见图3-12)。

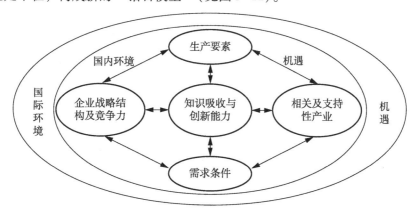

图3-12 修正后的钻石模型

二、主要竞争产品出口竞争力影响因素分析

(一) 知识吸收与创新能力

如今随着对知识吸收与创新能力的重视,其逐渐在国家经济发展中占据主导地位,经济增长在带动市场经济顺利推进的同时,也促进了科技创新的发展。知识吸收与创新能力成为企业发展的核心动力,既利于产品的创新发展,也促进了整个社会的经济科技进步。知识吸收与创新对出口竞争力的影响体现在技术创新投入经济产出的过程中,有了经济的产出,产品投入市场,最终才有产品竞争力的提升。换句话说,产品的出口竞争力在一定程度上反映了技术创新投入所带来的产出绩效。

中国政策环境稳定,政府对创新研究很重视。20 世纪 80 年代以来,中国为各产业的技术创新提供了良好的政策环境,力求从要素驱动的经济模式向创新驱动转变。制造行业作为中国的重点出口行业,正处于创新变革的关键时期,政府对制造类企业给予重点扶持,为其提供了平稳的外部环境。同时,中国政府成立相关的专门管理机构,制定推广优惠政策,为制造业产品的创新研究提供了更好的经济发展环境和稳定的市场环境。特别是在 2015 年 5 月,国务院印发部署全面推进实施制造强国的战略文件,即《中国制造 2025》。在该战略规划书中,计划利用十年时间通过创新驱动,使中国从制造业大国向制造业强国转变。对中国制造业来说,《中国制造 2025》的全面推进是一次极为重要的发展机会。中国对技术创新的支持不仅仅在政策方面,也在法律层面,中国日益重视对知识产权的保护,政府与各产业相关机构共同研讨,制定了支持和促进各产业技术创新的法律法规。此外,制造业是中国经济发展的重点行业,是中国出口的"晴雨表",受到政府的高度重视,政府部门为了鼓励对产品技术的创新研究,促进产业升级,给予了企业很多优惠政策。

中国多年来实行科技兴国战略,重视科技人才的培养和交流。本节通过研发支出、研发人员、专利申请数量以及高科技出口产品四个方面对知

识吸收与创新能力进行评价。根据世界银行数据，中国研发支出、研发人员、专利申请数量以及高科技出口都有明显的进步（见表3-13）。加大研发支出可以体现中国对于加强科技创新及研发能力的强度和决心，2005—2018年，中国研发支出占GDP的比例由1.31%上升至2.19%，已经与欧盟、加拿大等国家或地区水平相当，体现出中国对技术创新的重视程度。但是与美国（2.84%）、日本（3.28%）和韩国（4.23%）仍有差距，应进一步加大对科技创新的投入力度。在研发人员方面，经过多年的发展，2005—2018年，中国每百万人中研发人员的数量由856.85人上升至1 307人。但是与美国等发达国家每百万人中拥有4 000人以上的研发人员现状相比，差距明显。产生这么大差距的原因一方面是中国过大的人口基数，另一方面也反映出中国科技创新研发人员的缺乏。从专利申请数量以及高科技出口产品方面来看，中国已经赶超发达国家，这在一定程度上显示了产业的升级和出口产品技术含量的提高，但是也要注意，中国加工贸易产业的蓬勃发展部分夸大了这部分指标所体现的国家创新能力。

表3-13 2005—2018年中美创新指标比较

年份	中国				美国			
	研发支出占GDP的百分比（%）	研发人员（每百万人）	专利申请数量	高科技出口产品占制成品出口的百分比（%）	研发支出占GDP的百分比（%）	研发人员（每百万人）	专利申请数量	高科技出口产品占制成品出口的百分比（%）
2005	1.31	856.85	173 327	30.84	2.50	3 718.20	390 733	29.90
2006	1.37	932.31	210 501	30.51	2.54	3 781.81	425 966	30.06
2007	1.37	1 078.63	245 161	26.66	2.62	3 757.87	456 154	27.22
2008	1.44	1 200.29	289 838	25.57	2.77	3 911.53	456 321	25.92
2009	1.66	863.93	314 604	27.53	2.82	4 073.18	456 106	21.49
2010	1.71	902.96	391 177	27.51	2.73	3 868.57	490 226	19.97

续表

年份	中国				美国			
	研发支出占GDP的百分比（%）	研发人员（每百万人）	专利申请数量	高科技出口产品占制成品出口的百分比（%）	研发支出占GDP的百分比（%）	研发人员（每百万人）	专利申请数量	高科技出口产品占制成品出口的百分比（%）
2011	1.78	977.68	526 412	25.81	2.77	4 011.33	503 582	18.11
2012	1.91	1 035.88	652 777	26.27	2.70	4 015.89	542 815	17.78
2013	1.99	1 089.19	825 136	26.97	2.74	4 117.67	571 612	17.82
2014	2.02	1 113.07	928 177	25.37	2.75	4 231.99	578 802	18.23
2015	2.07	1 176.58	1 101 864	25.55	2.79	—	589 410	18.99
2016	2.12	1 197.00	1 204 981	30.00	2.76	4 248.00	605 571	23.00
2017	2.15	1 225.00	1 245 709	31.00	2.82	4 412.00	606 956	20.00
2018	2.19	1 307.00	1 393 815	31.00	2.84	—	597 141	19.00

资料来源：根据世界银行数据库整理所得。

根据世界银行数据，在东盟成员国中新加坡和马来西亚对知识吸收与创新能力较为重视（见表3-14），2005—2017年，新加坡研发支出占GDP的比例在2.1%左右波动，每百万人中拥有的研发人员数量从5 291.77人增加至6 802.54人，高科技出口产品占制成品出口的比例在50%左右波动。2006—2016年，马来西亚研发支出占GDP的比例由0.61%升至1.44%，每百万人中拥有的研发人员数量从368.36人增加至2 396.53人，高科技出口产品占制成品出口的比例在45%左右波动。但是东盟其他成员国在知识吸收与创新方面处于劣势，各方面指标都非常落后，例如越南、泰国等成员国研发支出占GDP的比例不足0.5%。总体来说，东盟与中国相比，其知识吸收与创新能力弱于中国，所以在对技术创新能力要求较高的机电类产品出口中，竞争力弱于中国。

表3-14 2005—2018年新加坡、马来西亚创新指标比较

年份	新加坡				马来西亚			
	研发支出占GDP的百分比（%）	研发人员（每百万人）	专利申请数量	高科技出口产品占制成品出口的百分比（%）	研发支出占GDP的百分比（%）	研发人员（每百万人）	专利申请数量	高科技出口产品占制成品出口的百分比（%）
2005	2.16	5 291.77	8 605	56.89	—	—	6 286	54.65
2006	2.13	5 424.79	9 163	58.07	0.61	368.36	4 800	53.84
2007	2.34	5 768.57	9 951	45.21	—	—	2 372	52.28
2008	2.62	5 740.84	9 692	49.38	0.79	599.04	5 303	39.92
2009	2.16	6 148.96	8 736	48.14	1.01	1 065.75	5 737	46.57
2010	2.02	6 306.52	9 773	49.91	1.04	1 458.16	6 383	44.52
2011	2.15	6 495.99	9 794	45.16	1.03	1 639.35	6 452	43.39
2012	2.01	6 442.28	9 685	45.29	1.09	1 773.12	6 940	43.72
2013	2.01	6 665.19	9 722	46.99	—	—	7 205	43.57
2014	2.20	6 658.50	10 312	47.18	1.26	2 017.42	7 620	43.87
2015	2.07	7 006.63	10 814	49.28	1.30	2 261.44	7 727	42.80
2016	2.08	6 934.91	10 980	52.44	1.44	2 396.53	7 236	48.87
2017	1.94	6 802.54	10 930	53.15	—	—	7 072	50.48
2018	—	—	11 845	51.72			7 295	52.77

资料来源：根据世界银行数据库整理所得。

（二）生产要素

中国的制造业经过改革开放的洗礼，凭借着较低的生产要素价格优势，迅速扩张制造业产品的出口规模。经过多年的发展，中国已经成为全球第一大制造业产品的输出国，"中国制造"在全世界范围内得到推广。但是这一时间段中国出口的产品存在量多质不高、外贸结构以出口低端产品为主的问题。导致在出口市场中丧失主导地位，议价能力较弱，无论生产模式还是技术路径，都被限制在低端的发展水平。

近几年，中国的生产要素价格特别是劳动力价格不断上涨，是挑战也是

机遇。一方面，生产要素尤其是劳动力成本的上涨，压缩了中国企业出口的利润空间，大型跨国公司将原本建立在中国的低端代加工厂，转移到东盟成员国这些更具有生产要素价格优势的国家。这不仅对中国劳动密集型制造产业造成了极大的冲击，也在一定程度上导致中国服装类产品的出口竞争力较东盟弱。另一方面，随着生产要素价格的提升，中国制造业产品出口的低成本优势越来越不明显，在日益激烈的竞争压力下，中国制造业必然会主动调整，通过对国际高端技术路径以及管理经验的学习，并根据国情消化后再创新，最终会改变中国制造业低端化的局面，生产出高技术含量和高附加值的产品，从而在出口市场中占据主导地位。

在劳动力方面，从劳动生产率和劳动力成本两方面对中国和东盟生产效率进行比较，通过劳动生产率可以直观地比较出中国和东盟的制造业竞争力，劳动者的平均工资则从成本角度对双方进行分析。根据2005—2016年中国制造业总体劳动力平均工资及劳动生产率的走势（见表3-15）。中国制造业的劳动生产率在这期间得到了快速提升，从2005年的22 830美元/人提升至2016年的60 131美元/人，提升了近3倍。根据世界银行数据库，相较于东盟成员国，除了新加坡制造业工人的劳动生产率高于中国，2015年为86 227美元/人，其余东盟成员国制造业工人的劳动生产率均低于中国，例如2015年马来西亚、印度尼西亚制造业工人劳动生产率分别为332 150美元/人、27 241美元/人。因此，虽然东盟成员国中新加坡劳动生产率较高，但是总体来说，东盟与中国之间仍有较大差距，中国表现出较强的竞争力。在劳动力平均工资方面，2005—2016年，中国制造业年平均工资一直处于上升状态，由1 943美元/人上升至8 953美元/人，同样高于东盟整体水平，在生产成本上高于东盟。

表3-15　2005—2016年中国制造业劳动生产率、年平均工资

年份	制造业劳动生产率		制造业年平均工资	
	元/人	美元/人	元/人	美元/人
2005	187 231	22 830	15 757	1 943
2006	212 474	26 558	17 966	2 278

续表

年份	制造业劳动生产率		制造业年平均工资	
	元/人	美元/人	元/人	美元/人
2007	252 395	32 966	20 884	2 762
2008	298 575	42 645	24 192	3 486
2009	315 354	46 156	26 599	3 924
2010	358 194	52 651	30 700	4 544
2011	374 392	57 649	36 665	5 646
2012	388 656	61 523	41 650	6 593
2013	336 661	54 195	46 431	7 474
2014	345 952	56 318	51 369	8 362
2015	373 107	59 904	55 324	8 883
2016	399 408	60 131	59 470	8 953

资料来源：根据世界银行数据库整理所得。

生产资源方面，中国和东盟都有较为丰富的自然资源（见表3-16），但是近年来中国实行供给侧结构性改革，大力去除过剩产能，钢铁、铁矿石、铜、煤炭等原材料价格居于高位，尤其是煤炭行业超出市场的预期。煤炭价格从前几年的最低谷过渡至大幅度飙升，据2016年12月CCI指数显示，CCI5500现货价格指数为630元/吨，较2016年初上涨72.6%。相对于中国来说，东盟的原材料具有价格优势，在生产成本上低于中国。

表3-16 中国和东盟成员国主要自然资源

国家	主要自然资源
中国	常规能源的品种齐全，大部分矿产可以自给自足，世界主要能源国家之一
马来西亚	世界第二大棕榈油及相关制品出口国、世界第三大天然橡胶出口国
菲律宾	铜、金、铬、镍和钴的主要生产国和出口国
泰国	主要有钾盐、锡、锑、铅、铁、镍、铜、钼、锌、天然气等，其中钾盐储量世界第一，锡的总储量占世界的12%，居世界第一。石油总储量2 559万吨，煤的总储量20亿吨，天然气总储量3 659亿立方米
印度尼西亚	棕榈油产量居世界首位，天然橡胶产品世界第二。主要矿产资源包含石油、天然气、锡、铝、镍、铁、铜、金、银、煤等，储量丰富
新加坡	资源匮乏

国家	主要自然资源
文莱	油气资源丰富,已探明原油储量约14亿桶,天然气储量为3 900亿立方米。2010年与马来西亚政府达成协议,取得之前争议海上石油区的归属权,预计石油储量会翻一番
越南	资源丰富,已探明石油、天然气、煤矿的可采储量分别达2.5亿吨、3 000亿立方米和38亿吨。已探明铁矿13亿吨、铝土矿54亿吨、铜矿1 000万吨、稀土2 200万吨、铬矿2 000万吨、钛矿2 000万吨
老挝	有金、铜、锡、铅、钾、铜、铁、金、石膏、煤等资源
缅甸	有锡、钨、铝、锰等矿产资源,石油储量1.6亿桶,天然气储量丰富
柬埔寨	有石油、天然气、金、铁、铝土等自然资源

资料来源:根据"走出去"公共平台数据库整理所得。

(三) 需求条件

从中国国内市场来看,随着经济的增长,国民收入不断升高,人民对美好生活的向往日益强烈,会刺激国内对机电类和服装类产品的消费,对品种、质量和性能要求提升,根据《2017—2018世界经济论坛全球竞争力报告》,中国买家的需求多样性评分为4.3分,居世界第21名,名次有所上升。国内需求对机电类和服装类产品竞争力的影响具体表现在以下几方面:

首先,内需的扩大刺激了对机电类及服装类产品的消费,近年来中国十分注重扩大国内需求。2016年李克强总理在国务院常务会议上提出,通过适当扩大内需,为正在实行的供给侧结构性改革营造一个良好的环境,应加大积极财政政策的落实力度。一方面,这种鼓励消费的相关政策的落实会刺激机电类和服装类产品的市场需求;另一方面,国民收入的提高进一步提升了国民对生活品质的要求,必然会倒逼机电类和服装类产品不断地进行创新。

其次,农村经济的发展同样会带动对机电类及服装类产品的需求。作为中国经济发展的短板之一,国家供给侧结构性改革提出了补短板的政策方针,农业作为中国国民经济的根本,发展农村经济势在必行。农业进一步发展的需要为农村机电设备产业的发展提供了机遇。同时,农村经济的发展使农民生活水平得以提升，也会进一步刺激对服装类和日常家用类机电产品的消费。

再次，国家提出的供给侧结构性改革、去产能以及创新驱动型大国发展战略将带动工业的产业升级，进一步提升对重大技术类机电产品的需求。作为发展国民经济的装备产业，机电工业为各行业的发展提供了先进的设施设备。各行业在落实优化产业结构的过程中，创造了新的需求，对创新型、技术型机电类产品的需求进一步提升，倒逼机电产业的变革创新。

最后，国家为补国民经济发展短板提出的西部大开发、中部崛起以及振兴东北老工业基地的政策方针带动了对机电类产品的需求。这些政策方针对国民经济的刺激也会提升对服装类产品的需求，对整个机电及服装产业都是利好因素。

根据钻石模型理论，老练挑剔的需求会给予企业压力，从而倒逼企业通过创新生产更高质量、更多样化的产品来满足需求。但是对中国而言，国内该需求的作用并不明显。根据《2017—2018世界经济论坛全球竞争力报告》，中国的顾客导向程度评分仅为4.6分，居全球第68位。

（四）相关及支持性产业

根据波特的钻石模型理论，优势的相关及支持性产业会提升相关产业的国际竞争力，对于机电和服装这两类制造业来说，其相关及支持性产业主要是煤炭、石油、电力、钢铁和纺织工业。

对煤炭行业来说，中国煤炭资源总储备量为5.9万亿吨，占一次能源总量的94%，煤炭储量非常丰富。2012年之前，在巨额利润的吸引下，一些煤炭企业未经审批就进行矿区建设，盲目地扩大产能。自2012年下半年以来，由于中国煤炭行业产能的畸形增长，煤炭市场价格崩盘。一方面，2012年由于煤炭价格暴跌，煤炭工业产能收缩，资本纷纷流出煤炭行业，根据煤炭行业发展报告，2013—2015年中国煤炭行业投资增速分别为-0.44%、-11.03%和-14.40%，即使2016年以来煤炭价格回涨，煤炭行业的投资增速虽有好转但仍然较为缓慢，可以预计未来几年的煤炭供给的释放将非常缓慢。另一方面，近年来为了淘汰落后产能、去除库存实行供给侧结构性改革，全国原煤产量已经连续三年下跌，2014—2016 年降幅分别为 2.5%、3.3% 和 4.5%。尤其是 2016 年煤炭行业实行"276"工作日后，煤炭产量大幅度下滑。供给侧结构性改革收缩了中国煤炭的供给，有效缓解了产能过剩的问题，2016 年中国国有重点煤矿库存下滑了 35.82%。

对石油行业来说，中国作为少油国家，由于资源劣质化趋势明显，难以动用规模化生产，油价因素对石油行业的发展造成了障碍。国内经济发展对石油需求的提升进一步加剧了石油的供需矛盾，根据石油行业发展报告，2016 年中国石油进口大幅度提升，达到 3.76 亿吨，石油对外依存率达到 65%。同时，由于中国进一步推行绿色发展战略，对成品油的生产环节以及生产品质要求更为严格，进一步加剧了石化企业优化转型升级的压力。尽管近期石化行业的景气指数趋好，但是仍有一批企业由于竞争力的缺乏而被淘汰。就石油行业的外部条件来看，一方面，国家全面深入地对石油行业进行改革，制定了更为明确的产业政策，加快建设法律法规和市场体系，石油市场环境开始改善，更为开放、公平。另一方面，石油行业市场化进程加快、增加了市场主体，使利益更为多元化，市场的整个大环境也更为复杂。

对电力行业来说，中国电力行业经过数十年的发展已经进入成熟期，根据电力行业发展报告，2000—2015 年，火电增长了 4.5 倍，水电增长了 4.3 倍，风电和光伏产业发展迅速。2011 年以来，根据新常态经济发展的要求，火电行业被强力压缩，整个电力行业增长速度下滑。同时由于受输电管道建设落后、外送能力不足和新能源发电不可控等问题的影响，中国新能源电力存在弃光、弃风、弃水问题，2016 年中国风电平均利用小时数为 917 小时，平均弃风率达 21%。根据《2017—2018 世界经济论坛全球竞争力报告》，中国电力供应评分为 5.3 分，居 56 位，和发达国家之间仍存在较大差距。针对以上问题，国家出台了电改文件，对电力行业采取"两头放开，管住中间"的策略，同时"十三五"规划将重点调整电力行业的结构和布局，增强系统调节能力，缓解弃光、弃风、弃水问题，中国电力行业预计将进入长期的平稳期。

对钢铁行业来说，根据钢铁行业发展报告，2017 年中国粗钢年产量为 8.32 亿吨，同比增长 5.7%，为历史最高水平。近年来钢铁行业全面深入推进供给侧结构性改革，去产能工作取得显著成效，全面取缔"地条钢"，改善了企业的效益，使整个行业稳中趋好。2017 年是中国钢铁行业去产能的攻坚之年，全年化解 5 000 万吨粗钢产能，清除 1.4 亿吨"地条钢"产能，从根本上扭转了"劣币驱逐良币"的现象，提高了钢材质量，净化了市场环境，使钢铁行业的效益大幅提升。2017 年，根据中国钢铁工业协会统计数据，中国钢铁行业重点大中型企业累计实现销售收入为 3.7 万亿元，较上年增长 34%，利润额为 1 773 亿元，较上年大幅提升 6 倍。钢铁行业健康发展的同时也存在以下几点问题：一是钢铁行业市场形势的好转使得部分停产的企业开始恢复生产，企业主动退出钢铁行业的意愿减弱，特别是近期出现了地方政府和企业打政策的擦边球，有新上钢铁冶炼项目的冲动，去产能的任务越发艰巨。二是随着钢材价格大幅度提升，一些不法企业为了高额利润铤而走险，"地条钢"死灰复燃的可能性增大。三是钢铁企业的环保压力不断增大，不同区域都采取了各种形式的污染防治措施对区域内的钢铁企业进行整改。但是从长期来看，不断升级的环保政策将倒逼钢铁企业进行环保创新、环保技改，以使钢铁行业走上可持续健康发展道路。

对纺织工业来说，中国是世界上最大的纺织品加工基地，同时也是最大的纺织品出口国。根据工业和信息化部统计数据，经过多年来的平稳增长，2016 年中国纺织纤维加工量为 5 420 万吨，占全球加工总量的一半以上。根据纺织行业"十三五"规划，中国纺织纤维加工量的持续增长速度将保持在每年 100 万~200 万吨，预计在 2020 年达到 6 000 万吨。但是中国纺织工业劳动力成本增幅高于生产力的提升，根据牛津研究院的研究结果，目前中国制造业劳动力成本仅仅比美国低 4%且远高于东盟，但是单位劳动力的生产效率美国比中国高一倍左右，差距明显。近年来，尽管中国不少企业从国外引进了先进的设备以及管理理念，但是无法改变整个行业技术落后、生产力低下的现状。现阶段中国纺织工业技术仍然多半依赖传统制作，技术水平远落后于国际制造业强国，数字化、智能化的变革势在必行。根据纺织工业"十三五"规划，主要通过以下举措进一步促进纺织工业数字化、智能化改革：一是加快自动化、数字化、智能化装备的开发；二是建设智能车间、智能工厂，推动信息化技术在纺织工业生产、研发、管理、仓储、物流等环节的运用；三是培育发展大规模个性化定制。总体来看，虽然中国纺织工业存在一些问题，但是依然可以看出中国纺织工业正在积极推进智能化、数字化改革，预计在今后会有更快速的发展。

（五）企业战略结构及竞争力

企业是国家产品出口发展的主要载体，而且出口产业的发展在很大程度上依靠企业的战略结构及竞争力。根据中国机电产品进出口商会数据，近年来中国机电类出口企业数量增长强劲，尤其以民营企业数量增长最为突出，民营企业占据了机电出口企业数量的2/3，然而其平均出口规模相对较小，远低于外企、国企1 740万美元的平均出口额。我们应当正视的是，虽然近年来不断优化调整机电行业结构，但是中低档机电产品在出口中仍占有很大比重，品种少、质量差，满足不了国际上对高档次机电产品的需求。粗放式的经营方式缺乏后续增长动力，价格竞争激烈，极易失去竞争优势和出口市场，中国机电产业应加大力度推动由粗放型经营向集约型经营的转变。不过机电类民营企业的快速崛起，标志着中国机电行业企业机构持续优化，民营企业根植性强，对地区经济的拉动更大，将成为中国机电产品创新自主品牌的未来。

中国服装类行业门槛较低，中小企业众多，产品同质化问题严重，存在着激烈的竞争。全国数百万纺织服装企业中，中小企业占据90%的份额，很多服装类出口企业达不到经济规模，过去中国服装产品的出口优势主要是低廉的劳动力成本。近年来中高端服装制造企业通过积累产能规模、产业链配套体系、研发能力以及大量客户的优势，带动了出口竞争力的增长。同时根据纺织工业"十三五"规划，智能制造成为重点发展方向。

（六）国内外环境与机遇

国际环境方面，一方面，随着国际贸易保护主义势力的抬头，中国成为贸易保护主义的首要目标国。根据商务部数据，2016 年中国出口产品共遭遇来自 27 个国家和地区发起的 119 起贸易救济调查案件，其中反倾销 91 起，反补贴 19 起，保障措施 9 起，涉案金额 143.4 亿美元。另一方面，中国目前正在积极实施的"一带一路"倡议为中国出口提供了利好消息，机电和服装产业应该主动抓住这次机遇，谋求发展。

汇率也是影响国际竞争力的一个重要因素，如果两个国家对同一出口市场出口的产品互为替代品，那么，价格的差异是影响出口的直接因素，同样也是影响一国出口竞争力的重要因素。因为实际汇率的变动会直接影响一国货币的购买力，进而影响产品出口的价格以及国际竞争力。因此在分析汇率因素的影响时，本节选取实际汇率。由图 3-13 可知，2006—2016 年，中国制造业实际汇率总体呈现上升趋势，实际汇率值由 100 升至 122 左右。该指数的上升主要受人民币升值的影响，2005 年中国进行汇率改革，变革单一盯住美元的汇率制度，同时也受贸易顺差的影响，人民币兑美元的升值幅度逐渐增大。为了应对全球金融危机的影响，美联储推出

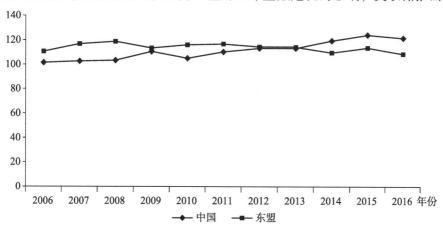

图 3-13 2006—2016 年中国和东盟制造业实际汇率值

资料来源：日本独立法人经济产业研究所。

量化宽松政策，使美元大幅度贬值，世界对美元的信心日渐丧失，而对人民币的信心逐渐增强。东盟制造业实际汇率总体呈波动态势，2006—2016年，东盟制造业实际汇率在 110 左右波动。

制造业的实际汇率可以大致反映出机电类和服装类产品的价格水平，中国制造业总体出口价格水平递增表明中国机电类和服装类产品出口价格的递增，将使中国在向美国出口机电类和服装类产品时受到消极影响，降低了中国在美国市场上主要竞争产品的竞争力。

国内环境方面，党的十九大的召开为中国未来几年的经济发展定下了基调，实行创新、绿色、开放、和谐的大国发展战略。进一步深化供给侧结构性改革，优化经济结构，从以速度、规模为主导的发展方式转变成质量第一、效益优先的新模式，经济结构将更加合理、均衡。建立创新型现代制造业以避免陷入"中等收入陷阱"，发展高端制造业，降低传统制造业所占比重。中国制造业行业要抓住这次机遇，调整自己的产业结构，走创新驱动的发展道路。

三、中国主要竞争产品出口优势与压力并存

通过拓展后的钻石模型，对上一部分中国主要竞争产品竞争力变化的影响因素进行分析，从知识吸收与创新能力、生产要素、需求条件、相关及支持性产业、企业战略结构及竞争力、国内外环境与机遇六个方面分析影响中国主要竞争产品竞争力变化的相关因素。具体来说，相对于东盟，中国近年来对创新和知识产权的重视使得其在知识吸收与创新能力方面发展迅速，具有一定优势；受劳动力成本上升以及供给侧结构性改革的影响，中国主要竞争产品出口在生产要素方面短时期具有相对劣势，但长期来看对整个产业的发展具有利好影响；同样，受供给侧结构性改革以及经济发展的影响，中国主要竞争产品出口在需求和相关及支持性产业方面具有相对优势；而"十三五"规划的进一步落实对机电类和服装类企业自身的改革来说是一个利好因素；在国内外环境方面，中国国内政局稳定，政策规划执行度较好，在国外积极推进"一带一路"建设以及企业"走出去"战

略，具有相对优势，但是较高的实际汇率对中国主要竞争产品的出口竞争力产生了一定的负面影响。

第六节 多因素驱动中国出口竞争力的提升

一、出口竞争力提升趋势明显

中国和东盟对美国出口贸易具有一定的共性，具体表现为以机电类和服装类为主，出口总量大，具有较强的变动一致性等。在出口规模方面，对机电类产品来说，在美国市场上中国的出口量一直高于东盟。与中国相比，东盟机电类产品虽然起步较晚，但是增长稳定，尤其是2014年之后，在中国对美国出口量出现下降的情况下，东盟的出口量依然稳步上升，进一步缩小了双方之间的差距。对服装类产品来说，在美国市场上中国的出口量也占据优势，但是波动较大。与中国相比，东盟服装类产品出口增长稳定，且双方差距有缩小的趋势。

在商品结构方面，中国和东盟在机电类产品和服装类产品上的变动趋势都有较强的一致性。对机电类产品来说，中国和东盟对 HS 分章 85 章产品的出口份额都呈上升趋势，84 章产品的出口份额都呈下降趋势，两类产品的差距日趋扩大。对服装类产品来说，中国和东盟对 61 章产品出口总体呈上升趋势，62 章产品出口总体呈下降趋势，但是 2016 年中国和东盟对美国市场在 61 章产品上的出口份额同比下滑，62 章产品的出口份额同比上升。中国和东盟在机电类和服装类产品上有较强的变动一致性，反映出两者受到美国市场需求因素的共同作用。

市场占有率测算结果显示，中国和东盟的机电类和服装类产品在美国市场上的占有率之间的差距在持续缩小，在筛选出的重点产品中，双方在机电类产品 HS8471 与 HS8617 产品上存在直接竞争，在服装类产品 HS6110、HS6104、HS6204 和 HS6109 产品上存在直接竞争。市场占有率测算结果显示,中国和东盟在国际分工中的地位接近,主要依靠熟练劳动力及标准化生产设备,出口劳动密集型产品。根据相似度指数测算,中国和东盟主要竞争产品总体呈中等竞争水平,HS 分章产品中,中国和东盟在服装类 61 章和 62 章产品相似度指数高达 80,且波动很小,说明双方服装类产品结构差异小,存在激烈竞争。中国和东盟在机电类 84 章与 85 章产品相似度指数呈下降趋势,说明双方机电类产品出口差异增大。在筛选出的重点产品中,重点产品总体相似程度高于主要竞争产品的相似程度,竞争激烈。其中,服装类重点产品相似度高且呈上升趋势。显示性比较优势指数的测算结果表明,中国在机电类产品上占有相对优势,东盟在服装类产品上占有相对优势。中国和东盟对美国市场出口的 18 类重点商品中,双方在 HS6104 针织或钩编的女式套装类和 HS6204 女式套装类上存在竞争交叉,都具有极强的竞争力;贸易竞争优势指数测算结果表明,双方对美国的 HS8542 集成电路及微电子组件产品的贸易都呈逆差状态,且中国在机电类的产品出口上对美国有较强的贸易竞争优势,中国和东盟在服装类的产品出口上对美国都具有较强的贸易竞争优势。

二、国家支持、企业专注

随着中国经济总量的日益庞大以及在国际分工中地位的提升,中国在全球经济发展中的重要性也日渐凸显。然而受全球性经济危机的影响,世界发达国家经济增长呈低迷态势。贸易保护主义势力的抬头进一步对世界贸易产生负面影响,呈现衰退态势。由于中国对外贸易呈现外向型特征,因此在全球经济和对外贸易衰退的背景下,中国的产品出口也受到一定的影响。机电类和服装类产品作为中国对外出口的重要组成部分,需要不断提升出口竞争力,才能在国际贸易中取得重要地位。因此,中国政府和企业应该共同努力,提升机电类和服装类产品的国际竞争力。

(一)国家层面

1. 加强与东盟地区的优势互补与贸易合作

东盟成员国的竞争,是影响中国机电类和服装类产品在美国市场上出口状况的重要因素。相对于东盟成员国,中国在机电类产品上具有较强的竞争优势,在服装类产品上具有竞争劣势。东盟各国近年来加大了对机电产业的重视,投资力度逐渐增大,将机电产业作为重点发展产业。同时,东盟各成员国也开始注意提高劳动力素质,这将进一步加大东盟机电类和服装类产业的竞争优势。

但我们应当意识到,中国和东盟之间不只有竞争,更有合作。加强中国和东盟之间的合作可以让双方优势互助、劣势互补,间接地提高双方的竞争力。当前,中国与东盟在美国市场的主要产品中,中国应继续加强自己在技术含量较高产品上的出口优势,同时将技术含量较低的一些劳动密集型产业向东盟转移,充分利用东盟的低生产成本的条件。近年来,中国—东盟在机电类和服装类的贸易额不断扩大,自由贸易区的建立提供了更为优惠的政策促进双方之间贸易的发展。

2. 落实创新驱动发展战略

与中国相比,东盟在生产成本方面具有价格优势,特别是在劳动力成本方面,优势更为显著。但是与中国经济发展初期相似,这种优势也带来了粗放型的发展,资源消耗大,经济效益低,产品低质化。中国应该充分吸取粗放型发展的经验教训,继续探索由粗放型经济向集约型经济发展的道路,通过创新完成产业结构的转型升级。

所谓创新,就是利用新的知识、科技、管理理念和智慧重新整合原有的生产要素,提升企业的科研能力,提升生产及管理效率,减少生产成本。所谓创新战略,也就是把创新作为推动经济发展的动力。在机电和服装行业,政府应该进一步加快创新驱动发展战略的落实,积极推行"十三五"规划,把创新作为提升机电类和服装类产品国际竞争力的重要手段。同时,政府应加大改革红利的释放,让企业得到更多惠利。一方面,政府需要落实"四个全面",继续全面深化科技体制改革,加大研发投入的力度,对高校、科学研究院等创新机构加大政策资金的支持力度;另一方面,政府应认清定位,转换角色,强化创新企业的主导地位,从研发管理向研发咨询转换,为企业创新提供更多咨询服务,为创新知识科技信息在企业间的传播扫清障碍，从而建立一批创新型机电、服装类产品企业，提升国家出口该类产品的竞争力。

3. 进一步完善市场机制

中国的市场机制经过多年发展已经日趋完善，但是和发达国家相比仍有差距。提升中国机电类和服装类产品在国际市场的地位，对出口产品的质量提出了更高的要求。为了让中国机电和服装产业健康科学发展，政府应该充分释放活力为机电和服装产业营造良好的生产、经营以及竞争环境。进一步简政放权，减小审批强度，降低机电、服装产业的市场准入标准，以此吸引更多的资本进入机电及服装产业，提升竞争力，并发挥市场机制在竞争中的主体作用。政府的主要作用就是营造市场化的破产程序的健康环境，配合市场机制对机电和服装产业进行兼并重组。中国机电和服装产业经过多年的发展，迫切需要转型升级，通过市场机制的作用促使机电和服装企业兼并重组，提高产业市场的集中程度，进一步夯实市场竞争的基础。

4. 加大财政支持力度，完善金融支撑体系

机电和服装产业是中国国内经济和对外出口贸易的重要组成部分，政府应该加大对这两种产业的扶持力度。首先，要进一步完善社会投融资体系，从金融资本方面加大对机电类和服装类产业的支持力度。中国机电和服装类企业在出口过程中会遇到政治、汇率风险，为了解决这些因素带来的资金问题，政府要出台政策积极鼓励和引导金融机构加大对机电和服装企业的出口信贷力度。此外，企业在研发创新环节投入巨大，且具有不确定性。因此，为了鼓励企业进行研发创新，政府要引导社会资金的投资注入，通过建立针对机电和服装企业研发风险的专项基金以及风投公司，促使企业进行技术创新。其次，在财政政策上，政府给予机电和服装类出口企业税收优惠政策以及投资优惠政策，将企业的出口、创新技术和税收挂钩，促进企业进行自主创新和技术改造。同时，加大中国机电类和服装类产业的出口退税政策支持力度，剔除税费在出口产品价格中的影响，从而

进一步提高中国机电和服装类产品的出口竞争力。

(二) 企业层面

1. 加大研发投入力度, 提升自身创新能力

随着全球经济的发展, 国际市场在选择产品时除了要求产品具有一流的质量、优质的服务以外, 更是进一步提出了个性化需求。所以, 中国机电和服装类产品需要不断加大研发投入力度, 对自身出口产品进行改造创新, 才能跟上需求发展的步伐。创新不是一日之功, 企业在加大基础研究的投入力度的同时, 要注重对国外先进技术、管理的引进, 要结合自身情况和国际需求进行消化吸收再创新。不仅要进行自身产业的科技创新研发, 还应该创建创新产业联盟, 通过跨产业的联合来进行创新研发。通过创新提升自身产品的核心竞争力, 满足国际市场的个性化需求, 从而提升出口竞争力。

2. 重视品牌建设, 培育民族品牌

一个企业的发展, 需要一流的产品质量, 良好的售后服务, 更要有内生动力进行自主创新、自主品牌的建设, 而中国的机电和服装出口企业缺乏建设自主品牌的理念。因此中国的机电和服装类出口企业, 一方面, 要树立自主品牌意识, 意识到在当今世界市场中, 品牌已经不再只是一个符号, 更是一个企业的重要无形资产, 是企业产品质量、口碑的凝结载体。如果中国机电和服装类企业能够在国际市场上建立一个得到世界认可的自主品牌, 那么在今后的发展中, 自主品牌就会为企业带来巨大的竞争优势。另一方面, 中国机电和服装类企业在进行自主品牌建设的过程中要实施科学的品牌战略, 要意识到品牌是一个综合体, 不仅仅包含产品的质量和性能, 还包括售后服务等环节, 这些都是打造自主品牌的基础。

3. 提升非价格竞争优势

在国际竞争中, 企业的竞争优势主要来源于价格竞争和非价格竞争, 价格竞争是企业通过价格因素来争取市场份额、扩大销售的一种手段; 非价格竞争就是企业利用价格因素以外的因素, 在质量、品种、服务等方面

和其他企业进行竞争。长期以来，由于中国的经济发展、技术管理水平以及劳动生产率较落后，导致机电和服装产品的技术含量不高，因此，中国的机电和服装出口产品以价格竞争为主。然而过度依赖价格竞争使中国机电和服装出口企业的收益较低，贸易保护主义的抬头还让一些国家尝到了滥用反倾销的甜头，从而对中国频频进行反倾销调查。所以，中国相关企业应该提升自身产品非价格竞争优势，以此获取出口竞争优势。全方位了解国际市场需求，不仅包含出口市场对产品本身的需求状况，同时还要深入了解出口市场的政治法律、文化风俗和消费习惯等宏观背景，然后结合自身的优势，采用非价格竞争来提高自身的出口竞争力。

第四章
中国与"一带一路"沿线国家服务贸易
"本地市场效应"研究

第一节　研究背景、研究意义与研究思路

一、研究背景

"一带一路"倡议构想一经提出，中国与"一带一路"沿线国家的双边贸易关系便成为中国对外贸易和国际经济合作战略的重点，自然也是学术界关注的热点。另外，从中国的对外贸易结构来看，尽管中国在货物贸易方面长年保持贸易顺差，但在服务贸易方面却连年逆差，贸易结构的不平衡使国内产业也受到一定的影响。中国服务贸易长期处于"大而不强"的困境之中，国际竞争力不足，这个问题在全球服务贸易量与比重逐年攀升的背景下显得尤需关注。从产业发展的规律来判断，随着经济的发展，第三产业在国民经济乃至贸易中居主要地位是必然趋势，因此，如何解决当前中国服务业国际竞争力弱的问题尤为重要。

从主流经济学的角度看，古典经济学的比较优势理论和基于企业层面的新贸易理论主要从技术水平、要素禀赋、经济规模以及企业效率等方面解释产业的国际竞争力。但是目前中国服务业整体情况还较为落后，资本和技术要素也并不具有比较优势，因此，提高中国服务贸易的国际竞争力需要寻求新的发展思路。与基于相对要素禀赋的比较优势理论不同，"本地市场效应"指的是国内市场的超常需求导致出口增加，以满足国外市场

的需求。在当前蓬勃发展的国内服务业市场和"一带一路"建设的背景下，中国与"一带一路"沿线国家的服务贸易是否存在"本地市场效应"？存在"本地市场效应"的服务业部门应该如何发展？不存在"本地市场效应"的服务业部门又该如何发展？本章试图通过考察中国对"一带一路"沿线国家的服务贸易出口中是否存在"本地市场效应"，进一步探讨如何促进中国服务贸易的进一步发展，从而进一步增强中国服务贸易的出口竞争力，推动"一带一路"建设。

二、研究意义

（一）理论意义

对中国与"一带一路"沿线国家的服务贸易进行"本地市场效应"研究，一方面，可以为"本地市场效应"的存在提供新的证明，增强"本地市场效应"的理论说服力；另一方面，检测中国不同服务业的"本地市场效应"，可以更好地了解中国服务贸易的优势所在，分清楚要素禀赋优势和"本地市场效应"优势在服务贸易中的不同作用，为推出相关的贸易政策、进行相应的资源配置提供参考。

（二）现实意义

研究中国服务业的"本地市场效应"，首先，可以提高中国资源配置效率，中国的服务贸易发展一直没有很好的发展路径，长年处于贸易巨额逆差，而中国的货物贸易随着近年来国际贸易局势遇冷，本国廉价劳动力的优势逐渐消失而增速放缓。如果在服务业中检测出"本地市场效应"，那么中国的贸易便有了新的发展动力，国内市场的超常需求可以强劲地推动服务贸易的发展和出口竞争力，可以改善以往货物贸易强、服务贸易弱的不合理贸易结构。因此，研究中国与"一带一路"沿线国家在服务贸易方面的"本地市场效应"，可以识别推动中国服务贸易出口的真正力量到底是什么，选择是依靠传统的要素禀赋优势还是依靠国内市场的扩大而带来的"本地市场效应"优势，从而提高在经济资源配置上的效率。

其次，研究服务业部门的"本地市场效应"，在一定程度上有助于中国服务业的发展。通过对 11 个服务业具体部门的研究，识别哪些部门存在"本地市场效应"，哪些部门不存在"本地市场效应"，可以为推出不同的政策以支持不同服务业部门的发展提供参考。对于存在"本地市场效应"的服务业部门，我们可以通过大力推进其国内市场的发展，扩大其国内市场规模来推动其出口的增加。对于不存在"本地市场效应"的部门，可以进行进一步研究，发掘其贸易优势，并根据实际情况制定发展的政策方针。

三、研究思路

首先，从理论上解释新贸易理论的路径和影响国际贸易的"本地市场效应"。其次，基于理论分析，在实证模型的基础上引入人均 GDP 和 GDP 等变量以及其他控制变量，形成本章实证分析的基准模型。最后，根据 2007—2016 年的面板数据，通过扩展的实证模型，进行"本地市场效应"对中国服务贸易出口影响的实证分析和稳定性检验。技术路线如图 4-1 所示。

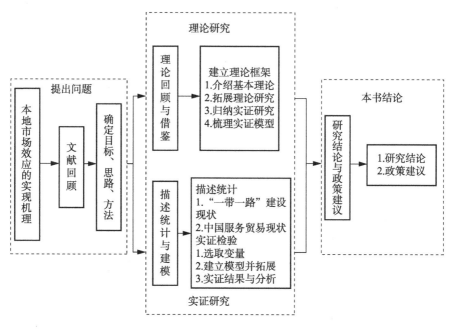

图 4-1 技术路线图

第二节 "本地市场效应"理论

本节介绍了"本地市场效应"的理论发展，并阐述了一些主要用于研究"本地市场效应"的实证方法，为后面章节运用"本地市场效应"分析中国当前服务贸易奠定理论基础。

一、"本地市场效应"的基本理论

国际贸易理论的发展主要包括四个阶段：古典贸易理论、新古典贸易理论、新贸易理论和新兴的经典国际贸易理论。"重商主义"是最早的贸易理论。人们的交易范围日益扩大，商品货币资本也得到了很好的发展，商业资本出现。商业资本的发展导致了分工和市场的扩大，从而促进了商品生产的更快发展。"重商主义"认为只有外贸才能真正增加一个国家的财富，只有通过外贸才能出口商品增加黄金和白银，而国内贸易不会增加国家财富。"重商主义"的思想导致了资本主义国家的海外扩张和国际航线的开放。虽然"重商主义"加速了社会分工的发展，但在一定程度上阻碍了工商资本的发展，因此出现了古典经济学。古典经济学中的贸易理论主要包括亚当·斯密的绝对优势论、大卫·李嘉图的比较优势理论和穆勒的相互需求理论。到 19 世纪末，新古典主义经济学诞生，随之而来的便是新古典贸易理论，Eil. F. Heckscher 最先提出要素禀赋论，指出了在产生比较优势差异时必须满足的两个先决条件。后来他的学生 Beltil G. Ohlin 在《区域间贸易与国际贸易》一书中补充了这一理论。要素禀赋理论得到了进一步发展，因此要素禀赋理论也被称为 H-O 模型。与传统贸易模型中假设的单要素输入不同，H-O 模型在两个或更多生产要素的框架下分析产品的生产成本，使用整体均衡分析来探索贸易与生产要素之间的相互作用。但在 20 世纪 50 年代初，经济学家 Leontief 基于 H-O 理论分析了美国的对外贸易模式，结果却得出了与 H-O 理论完全相反的结论，因为美国当时的资本丰裕程度是全球第一,按照 H-O 理论,美国的贸易模式应该是出口资本密集型产品,而进口劳动密集型产品,但 Leontief 证实结果是美国的出口产品劳动密集型程度高于进口产品,这与 H-O 理论的预测正好相反,这一实证结果被称为 Leontief 悖论。这一问题的出现挑战了现有的国际贸易理论,引发了对主流贸易思想的反思,促进了新贸易理论的诞生。

新贸易理论是在第二次世界大战后国际经济形势和贸易结构发生变化后诞生的,主要有新生产要素理论、偏好相似理论、动态贸易理论、产业内贸易理论等,其中 Krugman 提出的"本地市场效应"便是在这样的背景下产生的。

Krugman(1980)提出了三个假设条件:

假设1:两个国家之间的贸易因为贸易距离的存在而产生运输成本。

假设2:两个国家的市场类型均为垄断竞争市场。

假设3:两个国家均可以产生规模经济优势。

Krugman 在上述三个假设下建立了 2×2×1 模型。即两个国家、两个部门,一种生产要素(劳动力要素)。模型构建如下:

$$\partial = \frac{\alpha - \beta}{1 - \alpha\beta} \tag{4-1}$$

其中,∂ 代表本国与他国发生贸易时,一国与另一国在贸易产品的数量上的比值;α 代表贸易商品在本国的需求占比与贸易商品在他国的需求占比的比例;β 代表两个国家之间的贸易自由度,衡量两个国家的市场开放情况。若 $\alpha=1$,$\partial=1$,则表示两国间贸易不存在"本地市场效应"。若 $\alpha>1$,$\partial>1$,则表示本国对该产品的需求更大,本国所生产的该产品数量也更多,此时存在"本地市场效应"。若 $\alpha<1$,$\partial<1$ 则表示两国贸易存在逆向"本地市场效应"。

由上述模型可以得出以下结论:当两个贸易国各自的市场均为不完全竞争市场且生产部门存在规模经济,在贸易距离的存在导致贸易成本存在的假设条件下,某一贸易产品在本国市场需求较大,则本国将会是该贸易产品的出口大国,即本国在这种贸易产品的出口贸易中存在"本地市场效应"的贸易优势。我们从实际经济情况来分析，如果国内市场对于某一个产品具有非常大的需求的话，那么国内的相关生产厂商为了追求更大的利润将会进一步扩大该产品的生产规模，除此之外，生产厂商还会想办法减少贸易成本和生产资本的损耗以追求该产品的规模经济优势，最终该产品的国内生产量会大大增加，增加的产品数量除了可以满足国内庞大的需求之外，还会对出口起到一定的促进作用以满足其他市场的需求，即存在"本地市场效应"。

二、本地市场效应的实证方法

"本地市场效应"的概念一经提出，许多学者对其进行了理论上的拓展延伸和实证方面的补充完善。"本地市场效应"实证检验主要有两种主流模型：一是 Schumacher 和其他学者对基本引力模型修改后的倍差引力模型；二是 Davis 和 Weinstein 构建的实证方程。

（一）Davis 和 Weinstein 构建的实证方程

Davis 和 Weinstein 对 Krugman（1980）提出的"本地市场效应"进行了实证方面的拓展研究，提出"超常需求"的概念，并构建了如下实证方程：

$$Y_g^{nr} = \partial_g^n + \delta share_g^{nr} + \varphi idiodem_g^{nr} + \beta_g^n V^r + \eta_g^{nr} \qquad (4-2)$$

其中，$share_g^{nr}$ 表示产品 g 在 n 和 r 等不同地区之间的相对产量之比，代表了产品 g 的本地市场相对于其他市场的规模，Y_g^{nr} 表示贸易产品 g 在地区 r 的市场总产量，$idiodem_g^{nr}$ 表示贸易产品 g 在地区 r 的超常需求，其系数 φ 的大小决定"本地市场效应"是否存在，当 $\varphi>1$ 时，表示存在"本地市场效应"。

Davis 和 Weinstein（1996）构建了上述实证模型，对日本的区域制造业和经济合作与发展组织（OECD）国家的制造业部门的面板数据进行了回归分析，其结果表明，在 OECD 国家制造业的贸易中，要素禀赋优势占主导地位，而日本的区域产业结构中存在"本地市场效应"。该实证结果与理论推导的结果一致，从而从计量经济学的角度证明了"本地市场效应"优势的存在性和其在贸易中的重要意义。

（二）引力模型在"本地市场效应"中的应用

引力模型最早在"本地市场效应"中的应用是由 Schumacher（2003）所完成，Schumacher 对经济学中的基本引力模型稍做改变，纳入要素禀赋的影响，构建模型如下：

$$LN\frac{X_{aij}}{X_{aji}} = (\gamma_1^a - \gamma_3^a)\ln\frac{Y_i}{Y_j} + (\gamma_2^a - \gamma_4^a)\ln\frac{y_i}{y_j} \qquad (4-3)$$

其中，Schumacher 将 i 国和 j 国 a 产品双边贸易中的相对需求规模与相对要素禀赋用 $\frac{Y_i}{Y_j}$ 和 $\frac{y_i}{y_j}$ 来表示，由各自的系数来判断对贸易影响的大小。当相对需求规模的系数 $(\gamma_1^a - \gamma_3^a) > 0$ 时，则表示存在"本地市场效应"。相对要素禀赋的系数 $(\gamma_2^a - \gamma_4^a)$ 代表传统要素禀赋比较优势对于出口贸易影响的大小，由此将"本地市场效应"和要素禀赋优势对于贸易所造成的不同影响进行区分。

三、"本地市场效应"对贸易的影响路径

如果某贸易产品存在"本地市场效应"，则该产品在国内市场上的需求或者产量增加会使该产品在出口贸易中有更大的优势和出口竞争力，这便是"本地市场效应"对出口的促进作用。

图4-2很好地说明了"本地市场效应"的实现机制。首先通过相关产业和生产部门在本国市场内扩大规模，本地生产规模的扩大会引起相关上下游产业链的延伸和拓展，然后实现经济学理论中所说的规模经济和范围经济。随着产业的进一步发展，该部门便会产生集聚经济优势、市场经济力提高和技术创新优势，从而通过交叉作用促进出口，提高该产品的出口竞争力。出口竞争力的提高反过来又会促进本地市场规模的进一步扩大。

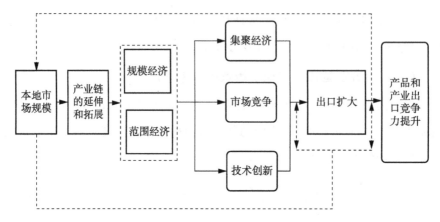

图 4-2 "本地市场效应"实现机制

第三节 中国与"一带一路"沿线国家服务贸易现状分析

一、中国服务贸易概况

（一）中国服务贸易进出口总额

从表 4-1 的数据来看，中国服务贸易发展整体呈现稳定的增长趋势，2009 年出现的负增长与美国次贷危机的爆发所带来的冲击有关。随着中国经济体量的增加与国际经济地位的提升，服务贸易总额占世界服务贸易总额的比重也在连年攀升，在 2002 年时占比还不到 3%，到了 2015 年占比已经接近 8%，服务贸易发展势头良好。2007—2018 年中国货物贸易进出口总额如表 4-2 所示。

表 4-1 2002—2019 年中国服务贸易进出口总额

年份	进出口			出口			进口		
	金额（亿美元）	同比增长（%）	占世界比重（%）	金额（亿美元）	同比增长（%）	占世界比重（%）	金额（亿美元）	同比增长（%）	占世界比重（%）
2002	855.0	18.6	2.71	393.8	19.7	2.47	460.8	18.1	2.95
2003	1 013.0	18.5	2.80	463.7	17.8	2.53	548.5	19.0	3.08

续表

年份	进出口			出口			进口		
	金额 (亿美元)	同比增长 (%)	占世界比 重(%)	金额 (亿美元)	同比增长 (%)	占世界比 重(%)	金额 (亿美元)	同比增长 (%)	占世界比 重(%)
2004	1 337.0	31.2	3.08	620.6	33.8	2.79	716.0	30.5	3.37
2005	1 571.0	17.5	3.24	739.1	19.1	2.97	831.7	16.2	3.52
2006	1 917.0	22.0	3.51	914.2	23.7	3.24	1 003.2	20.6	3.80
2007	2 509.0	30.9	3.86	1 216.5	33.1	3.59	1 292.5	28.8	4.13
2008	3 045.0	21.4	4.14	1 464.5	20.4	3.85	1 580.0	22.2	4.47
2009	2 867.1	−5.8	4.46	1 286	−12.2	3.88	1 581.1	0.06	5.08
2010	3 624.2	26.4	5.05	1 702.5	32.4	4.64	1 921.7	21.50	5.48
2011	4 190.9	15.6	5.20	1 820.8	6.9	4.40	2 370.3	23.30	6.10
2012	4 705.8	12.3	5.60	1 904.4	4.6	4.40	2 801.4	18.20	6.80
2013	5 379.0	14.7	6.02	2 106.0	10.6	4.55	3 291.0	17.50	7.58
2014	6 043.0	11.9	6.29	2 222.0	5.5	4.57	3 821.0	16.10	8.06
2015	7 130.0	14.6	7.71	2 882.0	29.7	4.90	4 248.0	11.20	9.60
2016	6 615.0	−7.2		2 080.0	−27.8		4 535.0	6.80	
2017	6 799.0	2.8		2 122.0	2.0		4 677.0	3.10	
2018	7 569.0	11.3		2 327.0	9.7		5 242.0	12.10	
2019	7 434.0	−1.8		2 420.0	4.0		5 014.0	−4.40	

资料来源：WTO 国际贸易统计数据库（International Trade Statistics Database）。

表4-2　2007—2018 年中国货物贸易进出口总额

年份	进出口		出口		进口	
	金额 (亿美元)	同比增长 (%)	金额 (亿美元)	同比增长 (%)	金额 (亿美元)	同比增长 (%)
2007	24 828.1	18.3	13 925.9	20.6	10 902.1	15.7
2008	26 761.3	7.8	14 932.6	7.2	11 828.7	8.5
2009	22 407.2	−16.3	12 200.9	−18.3	10 206.2	−13.7

年份	进出口		出口		进口	
	金额（亿美元）	同比增长（%）	金额（亿美元）	同比增长（%）	金额（亿美元）	同比增长（%）
2010	30 003.9	33.9	15 918.4	30.5	14 085.5	38.0
2011	35 162.1	17.2	18 330.6	15.2	16 831.4	19.5
2012	36 316.1	3.3	19 240.7	5.0	17 075.3	1.4
2013	41 615.5	14.6	22 080.6	14.8	19 524.8	14.3
2014	43 030.4	3.4	23 427.5	6.1	19 602.9	0.4
2015	39 586.4	−8	22 765.7	−2.8	16 820.7	−14.1
2016	36 849.3	−6.8	20 974.4	−7.7	15 874.8	−5.5
2017	41 044.7	11.4	22 634.9	7.9	18 409.8	15.9
2018	46 230.4	12.6	24 874.0	9.9	21 356.4	15.8

资料来源：WTO 国际贸易统计数据库（International Trade Statistics Database）。

由表 4-2 可知，中国近些年货物贸易出口增长不稳定，2009 年、2015 年和 2016 年出现了较大的负增长，负增长的原因是作为中国主要出口国的一些新兴市场国家的经济发展明显减速，使需求变得低迷，还有中国作为出口基地本身的竞争力降低，对发达国家的出口也减少。与此形成鲜明对比的是，中国服务贸易保持着稳定的发展速度，增速逐年提高，只有 2009 年出现了短暂的下降，2018 年服务贸易同比增长了 9.7%，货物贸易出口增长 9.9%，说明服务贸易在中国对外贸易中变得越来越重要，其重要性和地位已经不亚于货物贸易。

不仅在中国，服务贸易在全球贸易中也扮演着不可或缺的角色。根据联合国贸易发展会议《国际贸易体系演变及其趋势》报告，2008—2014 年，全球服务出口年均增长率为 3.6%，高于全球商品出口 2.7% 的增速。而且，在全球金融危机的整个过程中，服务出口也比商品出口更具抗冲击力，更能促进出口的多样化，从表 4-3 中可以看出，一些国际经济地位较高的贸易强国往往也是长年保持着服务贸易顺差的服务贸易强国。

表 4-3　2019 年全球服务贸易排名　　　　　　　　　单位：亿美元

排名	国家	服务贸易出口额	服务贸易进口额	服务贸易进出口额	服务贸易差额
1	美国	8 758.30	5 883.63	14 641.93	2 874.67
2	中国	2 443.59	5 055.08	7 498.67	−2 611.49
3	德国	3 465.52	3 707.59	7 173.11	−242.07
4	英国	4 183.63	2 834.32	7 017.95	1 349.31
5	法国	2 940.35	2 699.17	5 639.52	241.18
6	荷兰	2 028.20	1 845.89	3 874.09	182.31
7	爱尔兰	2 476.50	3 316.84	5 793.34	−840.34
8	日本	2 073.61	2 062.60	4 136.21	11.01
9	印度	2 147.62	1 305.35	3 452.97	842.27
10	新加坡	2 048.14	1 990.50	4 038.64	57.64

资料来源：世界银行。

从世界银行的统计数据来看，2019 年中国服务贸易总额为 7 498.67 亿美元，与 2016 年相比增长了 13.4%。其中，服务贸易出口额为 2 443.59 亿美元，服务贸易进口额为 5 055.08 亿美元，依然处于服务贸易逆差的状态。与此形成对比，2019 年美国服务贸易总额为 14 641.93 亿美元，其中服务贸易进口额为 5 883.63 亿美元，服务贸易出口额为 8 758.30 亿美元，服务贸易保持顺差，目前中国的服务贸易在规模方面仅次于美国，居世界第二位，但是贸易逆差却高达 2 611.49 亿美元，这个情况一方面说明目前中国国内市场对于服务业的需求非常大，有着很大的进口需求；另一方面说明中国服务业的国际竞争力与美国、英国等服务贸易强国相比是比较弱的。要改善中国服务业和服务贸易方面的大而不强的局面，就必须培育好国内服务业市场，将国内强大的市场需求合理转化为提升服务贸易竞争力的内在推力。这样，不仅可以用市场需求来促使服务业部门成长，还可以将在服务业方面的超常需求有效地转化成出口动能，在出口贸易中形成"本地市场效应"优势。

（二）中国服务贸易的行业结构

从表 4-4 可以看出，在中国服务贸易出口中，旅游业和运输业的比重虽然在加入 WTO 以后有过短暂的上升，但是整体呈现下滑趋势。中国的传统服务贸易在 2000 年时占比还高达 56.81%，但是到了 2016 年，传统服务贸易的占比下降到了 37.55%。与之相反的是，中国诸如保险业、金融业和计算机服务业、电信业等现代服务贸易的比重却不断提升，2000 年时中国的现代服务贸易仅仅占比 43.19%，但是到了 2016 年，占比已经达到了 59.96%。这一情况表明中国目前在服务贸易结构方面正不断走向高级化，不再仅仅是依赖廉价的劳动力和丰富的资源。但是，一些高端服务业如知识产权、计算机等，各自的比重还较小，说明目前中国新兴服务贸易发展较为缓慢，规模还很小，应多鼓励这些行业的发展。

表 4-4　2000—2016 年中国服务出口贸易比重　　　　（%）

| 年份 | 传统服务贸易 | | 现代服务贸易 | | | | | | | | |
	运输业	旅游业	建筑业	保险和养老金服务	金融服务	知识产权使用费	电信、计算机和信息服务	其他商业服务	个人、文化和娱乐服务	别处未提及的政府服务	加工服务
2000	10.48	46.33	1.72	0.31	0.22	0.26	4.86	21.17	0.03	0.81	13.81
2001	11.83	45.42	2.12	0.58	0.25	0.28	1.87	20.90	0.07	1.10	15.57
2002	12.37	44.10	2.70	0.45	0.11	0.29	2.57	20.38	0.06	0.79	16.18
2003	15.40	33.91	2.51	0.66	0.30	0.21	3.39	24.89	0.07	0.70	17.97
2004	16.64	35.50	2.02	0.53	0.13	0.33	3.02	25.79	0.06	0.52	15.47
2005	18.30	34.75	3.08	0.65	0.17	0.19	2.76	23.58	0.16	0.59	15.79
2006	20.41	32.97	2.67	0.54	0.20	0.20	3.59	24.76	0.13	0.56	14.03
2007	23.15	27.51	3.97	0.67	0.17	0.25	4.08	24.82	0.23	0.41	14.73
2008	23.52	25.01	6.32	0.85	0.19	0.35	4.79	24.01	0.26	0.41	14.29
2009	16.42	27.63	6.59	1.12	0.25	0.30	5.37	26.58	0.07	0.66	15.02
2010	19.18	25.69	8.13	0.97	0.75	0.47	5.87	24.20	0.07	0.54	14.14
2011	17.69	24.11	7.32	1.50	0.42	0.37	6.92	28.04	0.06	0.37	13.20
2012	19.30	24.82	6.08	1.65	0.94	0.52	8.06	25.31	0.06	0.49	12.77
2013	18.19	24.96	5.15	1.93	1.54	0.43	8.26	27.65	0.07	0.59	11.23
2014	17.45	20.10	7.01	2.09	2.07	0.31	9.21	31.44	0.08	0.48	9.77
2015	17.75	20.68	7.66	2.29	1.07	0.50	11.29	26.86	0.34	0.49	9.40
2016	16.23	21.32	6.08	1.95	1.52	0.56	12.20	27.81	0.36	0.58	8.90

资料来源：由《国际收支平衡表》（BPM6）整理而得。

除了行业结构外,中国服务贸易的差额变化也值得关注。中国服务贸易的逆差主要来自传统服务贸易,即运输业和旅游业。2016年,中国在运输服务方面的贸易逆差达到了467.53亿美元,在旅游服务部门贸易逆差高达2 166.98亿美元。这一情况与中国经济发展速度有关,随着人民收入和经济情况的改善,越来越多的人有能力去国外旅行,这一方面可以避开国内游客众多、宰客等乱象;另一方面可以去国外体会不同的人文景观和自然风光以拓展自己的眼界。

运输业的贸易逆差方面,中国虽长期处于贸易大国的地位,国际贸易的蓬勃发展也带动了运输服务业的发展,但是和国际相比,中国的远洋运输业成本较高,国际竞争力较弱,运输部门不能很好地满足国内的运输需求,因此不得不借助国外的远洋运输服务,从而导致贸易逆差。

整体来看,中国的顺差并不能弥补逆差。中国要实现对外贸易的平衡发展,必须想办法扭转在服务贸易方面的巨额逆差,中国只有对外贸易的发展不再仅依赖货物贸易,才能成为真正的服务贸易强国。

(三) 中国与"一带一路"沿线国家服务贸易趋势

从表4-5中可以看出,自2013年提出建设"一带一路"倡议以来,中国与沿线国家服务贸易增长速度变快,这是"一带一路"倡议的亮点之一。2017年中国服务贸易整体增速为18.4%,远高于全球服务贸易的4.8%,说明中国与沿线国家服务贸易潜力巨大。但是中国目前与"一带一路"沿线国家的服务贸易进口要大于出口,2017年服务进口额为668.7亿美元,而服务出口额仅为308.9亿美元,而且进口的增长速度也较出口快,进口额的增长为25.1%,出口额的增长仅为6.1%,这说明通过"一带一路"建设,积极开拓海外市场,进一步释放了国内的服务业市场需求,但是国内服务业并没有因此得到很好的发展,出口增长缓慢,表明了中国市场对于服务业的需求越来越大,但是国内的服务业无法满足国内市场需求,服务业自身的实力较弱,所生产的产品在国内市场不具有吸引力,需要从国外进口才能满足国内的市场需求。

表4-5　2013—2017年中国与"一带一路"沿线国家服务贸易额

年份	进出口额 （亿美元）	同比增长 （%）	进口额 （亿美元）	同比增长 （%）	出口额 （亿美元）	同比增长 （%）
2013	586.9	8.8	315.2	8.5	271.7	0.91
2014	643.9	9.7	364.8	15.7	279.1	2.70
2015	716.6	11.3	437.0	19.8	279.6	0.17
2016	825.6	15.2	534.5	22.3	291.1	4.10
2017	977.6	18.4	668.7	25.1	308.9	6.10

注：①2016年马其顿、老挝、黎巴嫩、缅甸、阿曼、也门6个国家的服务贸易数据缺失，可得数据为其余沿线国家。

②2015年巴勒斯坦、黑山、罗马尼亚、蒙古国4个国家的服务贸易数据缺失，可得数据为其余沿线国家。

从具体的服务业类型来看，运输业方面，中国已与"一带一路"沿线国家签署了130多个国际运输协定，开通了356条国际道路客货运输线路，"中欧班列"已开行39条，涉及10个国家15个城市，运输线路的开拓和基础设施的建设可以有效支撑货物贸易和投资合作的发展。建筑业方面，2014—2016年，中国本土企业与沿线国家新签对外承包工程合同额高达3 049亿美元。其中，2016年中国企业在"一带一路"沿线国家对外承包工程新签合同额为1 260.3亿美元，同比增长了近40%，占同期对外承包工程新签合同额的51.6%，"一带一路"沿线国家开始逐渐成为中国主要的建筑服务海外市场。旅游服务方面，"空中丝路"已渐显雏形，中国与沿线43个国家已经正式通航，2016年南航、国航等国内航空公司新开辟航线240条。据估算，2015—2017年中国与"一带一路"沿线国家和地区双向交流游客量达到1.1亿人次，输出游客5 500万人次，双向旅游服务贸易总额接近1 000亿美元。

在教育服务领域，沿线国家和地区来华留学人数近年来也大幅增加，2016年沿线64国在华留学生共207 746人，同比增幅达13.6%，高于各国平均增速。前10位生源国中，"一带一路"沿线国家占据7席，分别为泰国、巴基斯坦、印度、俄罗斯、印度尼西亚、哈萨克斯坦、越南。在医疗服务领域，中国在境外已建立 12 个中医中心，其中 2/3 在"一带一路"沿线地区，包括俄罗斯、吉尔吉斯斯坦、匈牙利、捷克、马来西亚、澳大利亚和卢森堡等国。

相比于与发达国家开展服务贸易合作，我国与"一带一路"沿线国家开展服务贸易合作有更多优势。许多沿线国家经济发展滞后，市场体制不完善，中国在服务贸易领域更容易占据主动，获得更高的国际分工和服务贸易收益。但是，在推进"一带一路"服务贸易国际合作过程中，还存在需要进一步厘清和解决的问题，例如中国当前对服务贸易（国际服务产业合作）的重视程度不够，没有把服务贸易合作上升到"一带一路"国际合作的战略高度等。我们不能仅仅把服务业合作停留在人文交流层面，而是要将其作为国际合作核心内容，加强服务贸易和服务业投资合作。中国与"一带一路"沿线国家服务贸易合作潜力巨大、前景广阔，应当借助服务贸易国际合作，推动"一带一路"国际合作迈向更高水平、取得更好成效。

二、小结

服务贸易的发展可以促进国内外消费，促进商业资本和自然人流动。通过服务贸易，可以在境外分销、金融、保险和运输等领域设立分支机构，加快中国在海外的商业发展，积极引导服务业"走出去"。服务贸易与货物贸易既相互替代又相互促进。服务贸易对货物贸易的某些方面有一定的替代效应，从这个角度来看，服务贸易的发展将在一定程度上抑制中国部分商品出口，但是从其他方面来看，货物贸易要想调整自身的产业结构、对已有的经济发展模式进行转型升级，就不得不依靠服务贸易的发展。生产性服务作为货物生产过程的中间产品，使企业能够集中力量提升核心竞争力，加大研发力度，提高相关生产部门的生产效率和产量，间接促进货物贸易发展，优化货物贸易结构，提高产品在国际市场上的竞争力。诸如运输、信息、保险、旅游、金融和建筑等服务业部门可以说在经济全球化进程中起着催化剂的作用，服务贸易的发展为货物贸易提供了可持续的条件，使货物贸易更容易、更具操作性。中国的服务贸易应优先进口国内供需缺口较大的高端服务，在货物贸易升级中发挥关键作用。通过促进服务贸易的发展，迫使国内制造业改变生产方式，进行升级和转型。

第四节　中国与"一带一路"沿线国家服务贸易实证分析

一、实证方程的构建

（一）模型设定

国际贸易研究中经常使用的引力模型起源于牛顿的万有引力定律，一般的贸易引力方程为 $trade_{ijt} = A\left(\dfrac{K_{it}K_{jt}}{distance_{ij}}\right)$。其中 $trade_{ijt}$ 为两个国家的贸易总量，K_{it} 和 K_{jt} 分别是参与贸易的两个国家各自的经济规模或经济体量，$distance_{ij}$ 为两个贸易国之间的距离，用来衡量运输成本的大小，有时贸易距离也用两个国家首都之间的距离来衡量。

Anderson（1979）和 Bergstrand（1985）随后对贸易引力模型进行了拓展：

$$LN\ Export_{ij}^{A} = \eta_0^A + \eta_1^A LN\ production_i + \eta_2^A LN(p\text{-}production)_i +$$
$$\eta_3^A LN\ production_j + \eta_4^A LN(p\text{-}production)_j + \eta_5^A LN\ distance_{ij} +$$
$$\varepsilon + \mu_{ij} \tag{4-4}$$

其中，被解释变量 $LN\ Export_{ij}^{A}$ 为贸易国 i 对贸易国 j 所出口的 A 产品的出口总量，解释变量 $LN\ production_i$ 为出口国 i 国所生产产品 A 的总产量，$LN(p\text{-}production)_i$ 为出口国 i 国的人均产量，$LN\ production_j$ 为进口国 j 国生产产品 A 的总产量，$LN(p\text{-}production)_j$ 为进口国 j 国的人均产量，$LN\ distance_{ij}$ 为两国之间的贸易距离，ε 为其他控制变量，诸如政策相似度、文化相近程度、市场开放程度以及是否有共同语言、是否有历史联系等，μ_{ij} 为方程的误差项。

本节所采用的实证方程为 Schumacher（2003）对上述方程加以扩展后的贸易引力模型。由于贸易中不同的国家对于同样的贸易产品 A 的本国需求和占国民经济的比例各不相同，本节将各个国家对 A 产品的需求设为解释变量后得到本节所用引力模型如下：

$$LN\ Export_{ij}^A = \eta_0^A + \eta_1^A LN\ production_i + \eta_2^A LN(p\text{-}production)_i +$$
$$\eta_3^A LN\ production_j + \eta_4^A LN(p\text{-}production)_j + \eta_5^A LNdistance_{ij} +$$
$$\eta_6^A LN\lambda_i + \varepsilon + \mu_{ij} \qquad (4\text{-}5)$$

其中，加入了新的解释变量 $LN\ \lambda_i$ 和 $LN\ \lambda_j$，分别表示 A 产品在出口国 i 国的市场需求占比和在进口国 j 国的市场需求占比。

类似地，我们可以推出当 j 国为 A 产品出口国时的实证方程：

$$LN\ Export_{ji}^A = \chi_0^A + \chi_1^A LN\ production_j + \chi_2^A LN(p\text{-}production)_j +$$
$$\chi_3^A LN\ production_i + \chi_4^A LN(p\text{-}production)_i + \chi_5^A LN\ distance_{ji} +$$
$$\chi_6^A LN\lambda_j + \varepsilon + \mu_{ji} \qquad (4\text{-}6)$$

我们将上述两个实证方程式相减可得本节的回归模型。当两式相减时，由于 i 国和 j 国的距离不管是 i 国为出口国还是 j 国为出口国都是相等的，所以贸易距离项可以互相抵消，而所设的虚拟变量也是相同的，也可以消去，最终可得下式：

$$LN(Export_{ij}^A/Export_{ji}^A) = (\eta_0^A - \chi_0^A) + (\eta_1^A - \chi_1^A)LN(production_i/production_j) +$$
$$(\eta_2^A - \chi_2^A)LN(p\text{-}production_i/p\text{-}production_j) + (\eta_6^A - \chi_6^A)LN(\lambda_i/\lambda_j) \quad (4\text{-}7)$$

从上述方程我们可以看到，两个国家的贸易距离、政策相似度、文化相近程度、市场开放程度以及是否有共同语言、是否有历史联系等虚拟变量并不会对贸易中两国的出口贸易量和进口贸易量的比例产生影响；而 A 产品的本国生产规模、A 产品的人均国民产出（本节以此作为相对要素禀赋优势的代理变量），以及两个贸易国各自的 A 产品的本地市场需求占比则分别代表了本国市场规模优势、要素禀赋比较优势以及本国市场需求的结构对出口竞争力的影响。每个解释变量的详细说明如下：

贸易中的"本地市场效应"优势：$\eta_1^A - \chi_1^A$ 代表进行 A 产品贸易的两个

贸易国 i 国和 j 国的出口贸易对进口贸易的比值相对于两国市场经济体量的弹性。如果 $\eta_1^A - \chi_1^A > 0$，说明 i 国在产品 A 的出口贸易中具有"本地市场效应"的优势，表明贸易国 i 国的 A 产品本地生产规模越大，其产品的规模经济效应越明显，即"本地市场效应"在 A 产品的贸易中显著存在；若 $\eta_1^A - \chi_1^A < 0$，则表明 i 国在产品 A 的贸易中不仅不存在"本地市场效应"优势，反而存在逆"本地市场效应"，即产品 A 的本地生产规模越大，贸易出口量受到的抑制也会越大。

贸易中的传统相对要素禀赋优势：$\eta_2^A - \chi_2^A$ 是进行 A 产品贸易的两个贸易国 i 国和 j 国的出口贸易对进口贸易的比值相对于两国生产要素禀赋的弹性。若 $\eta_2^A - \chi_2^A > 0$，则表示在 A 产品的贸易中，资本要素禀赋的差异越大，i 国的要素禀赋优势越明显，出口贸易量越大，此时可以认为 i 国 A 产品的贸易具有资本要素禀赋优势；若 $\eta_2^A - \chi_2^A < 0$，则表明在 A 产品的贸易中，劳动力要素禀赋的差异越大，i 国的要素禀赋优势越明显，出口贸易量越大，此时可以认为 i 国 A 产品的贸易具有劳动力要素禀赋优势。

贸易中的本地市场需求所产生的市场结构效应：$\eta_6^A - \chi_6^A$ 表示进行 A 产品贸易的两个贸易国 i 国和 j 国的出口贸易对进口贸易的比值相对于两国市场需求结构的弹性。若 $\eta_6^A - \chi_6^A > 0$，表示 A 产品在本国消费市场中所占比例越高，该产品的出口贸易额越大，此时可以认为 A 产品具有本地市场结构优势。本地市场结构效应的含义是，即使一些经济体量较小的国家在生产规模上远小于一些经济体量较大的国家，但是如果小国中 A 产品的市场需求在其市场总需求中所占比例大于经济体量较大的国家，也可以使得小国在 A 产品中具有规模经济的优势，从而带动贸易额的上升和竞争力的增加。若 $\eta_6^A - \chi_6^A < 0$，表示 A 产品在本国消费市场中所占比例越高，则该产品的出口贸易额反而越小，此时可以认为小国在 A 产品的贸易中并不具有本地市场结构优势。

（二）变量说明和资料来源

本节所构建的实证模型中，各变量含义及资料来源如表4-6所示：

表 4-6 变量的具体含义及资料来源

变量	含义	资料来源
$Export_{ij}^A$	中国对"一带一路"沿线国家的服务贸易出口额	UN comtrade
$Export_{ji}^A$	中国从"一带一路"沿线国家的服务贸易进口额	UN comtrade
$production_i$	中国的 GDP	世界银行
$production_j$	"一带一路"沿线国家 GDP	世界银行
$p\text{-}production_i$	中国人均 GDP	世界银行
$p\text{-}production_j$	"一带一路"沿线国家人均 GDP	世界银行
λ_i	中国服务贸易在中国 GDP 中的占比	UN comtrade
λ_j	"一带一路"沿线国家服务贸易在其 GDP 中的占比	UN comtrade

注：由于名义 GDP 受通货膨胀等因素影响，因此本节选 2000 年为基年计算实际 GDP，人均 GDP 为各国实际 GDP 与各国总人口量相除。

二、实证分析过程

（一）豪斯曼检验与单位根检验

本节运用上述模型来检验中国与"一带一路"沿线国家服务贸易的"本地市场效应"。

按照联合国中央产品分类法（United Nations Provisional Central Product Classification），将服务业部门分为运输、旅游、通信、建筑、保险、金融、计算机与信息、版税及许可费、其他商业服务、个人文化娱乐服务、未提及的政府服务 11 个细分行业。为了更准确地估计"本地市场效应"的存在性，采用面板数据模型进行实证检验，收集了中国与"一带一路"沿线 60 多个国家的服务贸易数据，由于部分数据严重缺失，我们将研究时间定为 2002—2016 年。

（二）变量单位根检验结果

由于一些不平稳的数据也会因为偶然因素出现共同的变化趋势而形成伪回归，为确保所用数据的平稳性，先对各变量进行单位根检验。运用 LLC 检验和 PP 检验方法，检验结果均显著为负，拒绝了数据存在单位根的原假设，所得数据符合要求。检验结果如表4-7所示。

表4-7 单位根检验结果（LLC检验）

变量	部门					
	运输	金融	个人文化娱乐	建筑	计算机与信息	旅游
LN ($Export_{ij}^A$/ $Export_{ji}^A$)	(-7.102)***	(-8.622)**	(-1.6259)**	(-2.1301)***	(-6.213)***	(-3.233)***

变量	部门					
	保险	金融	其他商业服务	政府服务	版税及许可费	整体
LN ($Export_{ij}^A$/ $Export_{ji}^A$)	(-8.932)***	(-10.326)***	(-11.255)***	(-1.212)***	(-13.259)***	(-12.805)***
LN ($production_i$/ $production_j$)	(-2.1725)**					
LN ($p\text{-}production_i$/ $p\text{-}production_j$)	(-2.4892)**					
LN (λ_i/λ_j)	(-2.5218)*					

注：*、**、***分别代表在10%、5%、1%的显著性水平下拒绝原假设，即不存在单位根。

F检验与Huasman检验结果见表4-8。

表4-8 F检验与Huasman检验结果

服务业部门分类	F检验	Huasman检验	模型选择	服务业部门分类	F检验	Huasman检验	模型选择
运输	(15.102)***	(8.731)**	固定效应模型	保险	(10.468)***	(3.324)*	固定效应模型
通信	(8.795)***	(1.038)*	固定效应模型	金融	(26.108)***	(3.898)**	固定效应模型
个人文化娱乐	(9.007)***	(7.551)***	固定效应模型	其他商业服务	(25.871)		混合效应模型
建筑	(5.368)**	(3.743)	随机效应模型	政府服务	(12.363)*	(6.706)	随机效应模型
计算机与信息	(7.267)***	(2.701)*	固定效应模型	版税及许可费	(5.668)*	(1.800)***	固定效应模型
旅游	(0.901)		混合效应模型	整体	(4.214)***	(5.250)**	固定效应模型

注：*表示$p<0.1$，**表示$p<0.05$，***表示$p<0.01$。

面板数据回归分析有三种模型，分别是混合效应模型、固定效应模型以及随机效应模型。为了保证可以得到精确的回归结果，先对各变量进行 F 检验，通过 F 检验来确定是选择混合效应模型还是固定效应模型。再通过 F 检验的各变量进行 Huasman 检验，从而可以在固定效应模型与随机效应模型中进行选择。

从上述检验结果中可以看出，对中国与"一带一路"沿线国家服务贸易的整体回归分析应当采用固定效应模型。各服务业部门中，旅游业与其他商业服务采用混合效应模型进行回归分析，政府服务与建筑采用随机效应模型，其余部门均采用固定效应模型进行回归分析。

（三）基准回归分析

首先对整体进行"本地市场效应"检验，检验结果如表 4-9 所示。

表 4-9　整体服务业"本地市场效应"检验

	(1)	(2)	(3)
$\eta_1^A - \chi_1^A$	0.611*** (1.95)		
$\eta_2^A - \chi_2^A$	-0.647** (2.00)		
$\eta_6^A - \chi_6^A$	0.165* (-0.58)		
_cons	-2.970** (-2.44)	0.422 (0.82)	-0.784* (-1.86)
N	207	207	202
R^2	0.6153	0.1473	0.1292

注：* 表示 $p<0.1$，** 表示 $p<0.05$，*** 表示 $p<0.01$。

表 4-9 显示，中国与"一带一路"沿线国家之间的服务贸易存在"本地市场效应"。①解释变量 x_1 系数 $\eta_1^A - \chi_1^A$ 在 1% 的水平下显著为正，说明中国服务业相对市场规模每增加 1%，将促使中国对"一带一路"沿线国家相对出口增长 0.611%。②解释变量 x_2 的系数 $\eta_2^A - \chi_2^A$ 在 5% 的水平下显著为负，说明在与"一带一路"沿线国家的出口服务贸易中，中国具有劳动力要素禀赋优势。③解释变量 x_3 的系数 $\eta_6^A - \chi_6^A$ 在 10% 的水平下显著为正，即

服务业在中国经济结构中占比每上升1%，中国与"一带一路"沿线国家的出口贸易额就增加0.165%，说明在对"一带一路"沿线国家的出口服务贸易中，中国具有"本地市场结构效应"。

上述实证结果表明，中国对"一带一路"沿线国家的出口服务贸易中，"本地市场效应"显著存在，即相对市场规模对中国"一带一路"建设中的出口贸易有着重大影响，接下来将根据联合国中央产品分类法将服务贸易细分为11个具体部门，单独检验其"本地市场效应"的存在性。

（四）分部门回归分析

按照联合国中央产品分类法，对服务业11个部门进行"本地市场效应"检验，检验结果如表4-10所示。

表4-10　服务业分部门"本地市场效应"检验

部门	$\eta_1^A - \chi_1^A$	$\eta_2^A - \chi_2^A$	$\eta_6^A - \chi_6^A$	R^2	D-W值	观测值数
运输业	0.596*** (1.20)	0.637*** (1.21)	-0.264* (-0.60)	0.2120	1.6078	191
建筑业	0.689*** (-0.63)	0.406* (1.69)	-1.916** (-1.36)	0.1544	1.1903	163
金融业	0.0917*** (3.09)	-0.216** (-0.41)	0.560** (1.28)	0.6714	2.5468	104
通信业	0.168* (1.79)	0.663** (1.03)	-0.136* (-0.21)	0.3130	1.2601	100
保险业	0.213* (0.30)	0.0582** (2.04)	0.856** (0.78)	0.4922	1.1834	148
计算机与信息业	0.114*** (3.27)	-0.980** (-0.59)	0.308* (0.71)	0.4173	0.6999	90
版税及许可费	-0.551** (-0.29)	-0.895 (-0.52)	0.177 (0.11)	0.1342	1.7860	82
个人文化娱乐业	0.370* (0.81)	0.0481* (1.79)	-0.912** (-1.32)	0.1944	1.5550	191
其他商业服务	-0.0244* (-0.06)	0.00918 (0.02)	0.261* (0.78)	0.4594	1.1782	185

续表

部门	$\eta_1^A-\chi_1^A$	$\eta_2^A-\chi_2^A$	$\eta_6^A-\chi_6^A$	R^2	D-W 值	观测值数
政府服务	0.348** (-0.77)	0.245* (0.46)	-0.265* (-0.60)	0.1927	1.4980	186
旅游业	0.492** (0.99)	0.556*** (1.20)	-0.313* (-0.80)	0.6077	1.3605	153

注：*表示 $p<0.1$，**表示 $p<0.05$，***表示 $p<0.01$。

从表4-10中可以看出，11个服务业部门中，有9个部门被检验出具有明显的"本地市场效应"，分别是运输业、建筑业、金融业、通信业、保险业、计算机与信息业、个人文化娱乐业、政府服务以及旅游业，表明随着中国经济的不断发展，国内市场对这些服务的需求大幅增加，随着这些服务市场规模的扩大，相关企业的生产成本也随之降低，产品的差异化程度越来越高，促进了专业化分工，整个行业生产率得以提高，从而增加了出口。另外，中国生产性服务业尤其是通信业、金融业、保险业等也得到了飞速发展，这些部门具有进入门槛较高、高度专业化以及规模报酬递增等特征，有着显著的"本地市场规模效应"。

版税及许可费以及其他商业服务的系数显著为负，即不存在"本地市场效应"。版税及许可费的实质是知识产权服务，中国在这方面缺乏高端人才和完备的法律体系支持，导致市场规模难以形成，也就不存在"本地市场效应"。

三、小结

从上述实证结果来看，中国与"一带一路"沿线国家的服务贸易出口具有明显的"本地市场效应"。这为发展中国服务业和提升中国当前服务贸易的国际竞争力提供了新的思路，即加大力度推进国内服务业市场的发展，进一步挖掘强大的内需市场潜力，推动服务业和服务贸易的发展，通过服务业进一步推动当前在经济领域的改革以及"一带一路"建设。中国与"一带一路"沿线国家在服务贸易方面的发展潜力巨大，有着非常广阔的空间和潜力，帮助沿线国家发展经济，帮助它们进行基础设施建设，进行市场化改革，在与"一带一路"沿线国家贸易中充分发挥中国在服务业的"本地市场效应"优势，不仅可以促进沿线国家的经济发展，也可以全面提高中国服务贸易的出口竞争力，使服务业能够真正成为中国经济转型升级的新动力，与沿线国家达成合作双赢的贸易伙伴关系。

服务贸易包括交通、金融、建筑、旅游、科技、教育、文化和医疗等领域。"一带一路"服务贸易合作的发展不仅可以支持货物贸易和投资，而且可以为沿线人民提供更多直接交流的机会。为"一带一路"国际合作创造更好的社会环境和舆论基础。要充分发挥"本地市场效应"的优势，加强与"一带一路"沿线国家的金融行业和通信业以及计算机等高端服务业方面的合作和交流，进一步发展与沿线国家服务贸易的国际合作。

第五节　研究结论和政策建议

一、研究结论

服务贸易已经成为中国对外贸易发展和深化对外开放的新引擎，成为推动供给侧结构性改革、促进经济转型升级的新动能。本章基于"本地市场效应"的新视角，利用 Schumacher（2003）加以修正的引力模型，通过对 2002—2016 年中国与"一带一路"60 多个沿线国家的服务贸易额及 GDP、人均 GDP、服务贸易占比等数据进行回归分析，检验"本地市场效应"的存在性。通过回归模型分离出要素禀赋的比较优势和"本地市场效应"对出口服务贸易的不同影响，从整体和具体部门两个层面对服务贸易"本地市场效应"进行检验。主要研究结论如下：

第一，中国与"一带一路"沿线国家的服务贸易出口具有显著的"本地市场效应"。这一机制的证实为今后中国发展服务贸易以及更好地推进"一带一路"建设提供了新的思路。想要更好地发挥"本地市场效应"比较优势，应从两个方面入手：首先，需要进一步扩大国内需求，通过对内需市场的培育，充分发挥服务业市场的规模经济效应。具体来说，在宏观政策上，应加大鼓励各类内需增长的政策力度，进一步加大服务业市场的开放程度，把促进服务业发展放在更加重要的位置，提高人力资本和技术水平。在当下服务全球化的经济大背景下，通过扩大内需来促进服务业出口以及提高服务业的国际竞争力。其次，"本地市场效应"比较优势的发挥离不开外部市场的拓展，长期以来，中国与"一带一路"沿线国家都有贸易往来，但是由于部分国家基础设施建设不完善，沿线有些国家地区局势动荡等多因素，在一定程度上限制了中国与"一带一路"沿线国家的贸易往来。自 2013 年"一带一路"倡议提出以来，中国与沿线国家的贸易障碍大大减少，双边贸易往来更加频繁。中国与沿线国家在服务贸易方面有着非常大的贸易潜力，想要发挥中国"本地市场效应"比较优势，进一步加强服务贸易的出口竞争力，必须创造更有利的条件鼓励企业加大资源投入，扩大企业生产规模，减少成本，促进产业集聚，实现规模经济效益，最终促进中国服务业的繁荣发展。

第二，不同部门服务贸易的"本地市场效应"存在差别。在服务业的 11 个部门中，运输业、建筑业、金融业、通信业、保险业、计算机与信息业、个人文化娱乐业、政府服务以及旅游业在出口贸易中存在着较为显著的"本地市场效应"优势，而版税及许可费以及其他商业服务不存在"本地市场效应"，这一发现也指出了中国不同的服务业部门在出口贸易中的优势各不相同。国家应根据各部门的实际情况制定不同的发展策略，通过实施产业结构调整和深化服务业制度创新，扩大金融、保险、计算机等高附加值产业的市场需求，形成相应的规模经济优势，鼓励企业增加技术研发投入，提高资源配置效率，增加产品的技术含量，同时为薄弱产业提供资金、人才方面的支持，促进"一带一路"建设，充分发挥中国在服务贸易出口中"本地市场效应"优势的作用，促使中国成为服务贸易强国，更好地实现中国与"一带一路"沿线国家共同繁荣的贸易格局。

二、政策建议

推动基础设施服务先行成长，加强计算机领域与信息领域互通合作。

一方面，中国在运输业和建筑业等基础设施服务业方面有着显著的"本地市场效应"；另一方面，中亚地区和东盟相关地区国家的基础设施建设还有待完善。中国可以对相关国家提供基础设施建设服务，通过建设铁路、港口、机场、金融、电信等基础设施服务平台来拉动相关国家的经济发展，还可以借此来消化相关生产部门的过剩产能，达到合理利用、互惠互利的效果。除了基础设施建设，还要做好后期的运营维护，不仅要推动基础设施建设，还要充分发挥其作用，让"一带一路"建设更加畅通。

除了通过基础设施建设充分发挥运输业、建筑业的"本地市场效应"优势外，在信息、计算机领域也要加强与沿线国家的合作，中国在互联网和信息技术领域有技术优势，鼓励华为、中兴、中软国际、软通动力等企业在沿线国家设立研发中心、交付中心、共享中心和服务中心，带动设计、研发、专业咨询、电信计算机和信息服务出口迅速增长，不断加强与沿线国家在互联网、信息技术、智慧城市建设等领域的合作，进一步拓宽中国具有优势的移动支付、共享单车、5G网络等新经济领域的合作等；针对"一带一路"服务贸易数据缺失的问题，还可以建立"一带一路"服务贸易大数据平台等。

（一）与沿线国家营造出公正、透明、规范的经济合作环境

中国应充分利用已有的双边贸易协定或多边贸易协定，加强与其他国家在经济方面的往来。"一带一路"倡议的提出，使得中国和沿线国家的经济交流以及贸易发展有了一个全新的平台，为各国在经济建设方面带来了新的动力和机遇，中国应借此推行全新的贸易政策，建立更多自由化、高标准的贸易区，与沿线国家一同努力，营造一个公正规范的经济合作与双边贸易环境。

为了让中国服务业更好地"走出去"，充分释放中国在服务贸易方面

的潜力。对国外市场关税、资源利用、外汇等多个方面的法律法规必须详细了解并且严格遵守。由于"一带一路"倡议涉及国家众多,各个国家在服务贸易方面的法律法规各不相同,为了避免中国在国外所面临的法律风险,相关部门需要对沿线每个国家的相关法律制度进行充分研究,并对从事相关贸易的企业进行法律知识的宣传和培训。除此之外,还需要积极推进与沿线国家在司法层面的合作,构建更优良的贸易环境,对相关外资企业也要进行法律层面的宣传,使得外资企业能对中国法律有更为详细的了解,为各企业提供一个公正、公平、公开、安全的法律环境。

(二)加强服务贸易的政策支持与服务贸易人才的教育和培养

近年来,中国对于服务业的发展逐渐予以重视,但是针对服务业所推行的政策却已经远远跟不上其发展的步伐。因此,政府需进一步加大对服务行业的政策支持力度。比如,对服务业企业给予一些信贷资金方面的支持,对服务贸易行业减免部分税收等。除此以外,中国服务业还面临着国内市场行政垄断程度过高、对外开放程度较低的情况,非常不利于相关企业的发展,针对这种情况,政府应适度开放相关市场,增强对外资的吸引力,为服务业的发展注入新的活力。

除上述问题以外,服务贸易相关的专业人才一直都是中国非常欠缺的,优质的人力资本对于服务业以及服务贸易的发展具有非常重要的作用。因此,中国相关机构和部门首先应当制定一套完整全面的人才评价体系,并以此为依据,鼓励从事服务产业以及服务贸易的相关人员进行深入全面的技能培训;其次,除了积极培育本土人才,还应当适度引进国外先进人才,吸收借鉴国外有关国家的先进经验;最后,进一步完善相关从业人员的保障机制,不断探索有利于调动员工积极性的制度,完善相关福利制度,提高优秀从业人员的待遇,保证服务业的薪酬待遇和经济同步发展,以此来为中国服务贸易的发展提供更加优质的人力资源,提高行业吸引力。

第五章

中国与"一带一路"沿线国家双边贸易研究

第一节 中国与新加坡、马来西亚的进出口贸易分析

一、双边经贸协定

（一）中国与新加坡签订的经贸协议

新加坡是典型的外向型经济，对外贸易总额是 GDP 总额的若干倍。因此，对新加坡而言，与主要的贸易伙伴建立良好的合作关系尤其重要。到目前为止新加坡已经签订了 15 个区域或双边自由贸易协定。其中，《中国—新加坡自由贸易协定》是一份内容全面的协定。双方在中国—东盟自贸区的基础上，进一步加快了贸易自由化进程，拓展了双边自由贸易关系与经贸合作的深度与广度。协定的主要内容有：

1. 货物贸易

主要体现在双方关税减让、取消数量限制和非关税措施等方面。除此之外，双方还将在自由贸易区合作框架下，加强双方海关在风险管理等方面的合作，简化海关程序，提高货物和运输工具的通关便利。促进双方履行 WTO《动物卫生与植物卫生措施协定》（SPS 协定）与 WTO《技术性贸易壁垒协议》（TBT 协议），以避免对双边贸易造成不必要的障碍，促进和便利双边贸易的开展，同时保护人类、动物及植物的生命与健康或实现其他合法目标。

2. 服务贸易

两国在 WTO 服务贸易承诺表和中国—东盟自贸区《服务贸易协议》市场准入承诺清单的基础上，进一步相互扩大市场准入范围。在服务贸易领域中有下面一些承诺值得关注，新方承诺包括：①新方承认中方两所中医大学学历；②新方允许中方在新设立中医大学和中医培训机构；③新方允许中方在新开展中文高等教育、中文成人教育和中文培训；④新方允许中方在新开办独资医院；⑤新方同意与中方尽快启动会计审计准则的认可谈判。中方承诺包括：①承诺新方在华设立股比不超过 70% 的外资医院；②允许持有其本国颁发的专业证书的外国医生，获得卫生部的许可后，在华提供短期医疗服务，期限为 6 个月，并可延长至 1 年；③允许新方服务提供者在华设立广告企业；④认可新方两所大学的医学学历。

在服务贸易方面，除上述内容外，《中国—新加坡自由贸易协定》还非常重视协调中国与东盟已经签署的服务贸易协议。《中国—新加坡自由贸易协定》中双方在服务贸易方面的承诺高于《中国—东盟服务贸易协议》承诺的内容。

3. 自然人流动

在商务人员入境方面，双方在《中国—新加坡自由贸易协定》中设立了自然人移动章节，明确了商务人员临时入境的纪律和准则，并就居留时间和条件做出了具体承诺，进一步便利两国人员往来，为自然人临时入境建立透明的标准、简化的投资程序和快速申请程序。

4. 投资

双方同意推动目前正在谈判的《中国—东盟投资协议》尽早达成。本协定生效后的任何时候双方应为鼓励和便利双方之间的投资进行磋商。如果《中国—东盟投资协议》与本协定不一致，本协定的条款优先适用。

5. 经济合作

双方将进一步加强双边合作，合作领域包括：①贸易投资促进；②参与中国的区域发展；③旅游合作；④人力资源开发；⑤促进中国企业"走出去"。双方还将探索新的合作领域。

（二）中国与马来西亚签订的经贸协议

马来西亚与新加坡都是签订《中国—东盟自由贸易协定》的国家，内容类似，所以在这里就不再赘述，具体内容参考中国与新加坡签订的经贸协议。

二、中国与新加坡、马来西亚进出口贸易现状

（一）新加坡

据海关数据统计，2019 年 1—12 月，中国与新加坡双边贸易总额达1 006.8亿美元，较 2018 年同期增长 0.6%，占中国与东盟 10 国双边贸易总额的 16.8%，是中国在东盟的第 3 大贸易伙伴。其中，中国自新加坡进口贸易额为 516.3 亿美元，同比增长 2.4%；对新加坡出口贸易额为 490.5亿美元，同比下降 1.2%。2019 年，中国对新加坡贸易呈现逆差，逆差额为 25.8 亿美元。

从产品结构上看，2019 年 1—12 月，中国自新加坡进口的前 4 位产品分别为机电产品、化工产品、塑料橡胶、贵金属及制品，累计进口总额达405.31 亿美元，占中国自新加坡进口产品总额的 78.5%。其中，以机电产品最多，进口额达 224.46 亿美元，同比增长 3.1%；其次是化工产品，进口额为 68.59 亿美元，同比下降 5.7%；再次是塑料橡胶，进口额为 59.79亿美元，同比下降 3.9%；贵金属及制品位居第四，进口额为 52.47 亿美元，同比增长 81.2%（见图 5-1）。

同期，中国对新加坡出口的前 4 位产品分别是机电产品、矿产品、贱金属及制品、化工产品，累计出口总额达 413.31 亿美元。其中，对机电产品出口最多，出口额为 299.7 亿美元，同比下降 4%；其次是矿产品，出口额为 73.62 亿美元，同比增长 14.1%；再次是贱金属及制品，出口额为21.20 亿美元，同比下降 15.6%；化工产品位居第四，出口额为 18.79 亿美元，同比下降 2.7%（见图 5-2）。

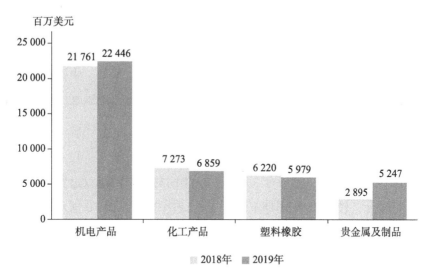

图5-1 中国自新加坡主要进口产品金额

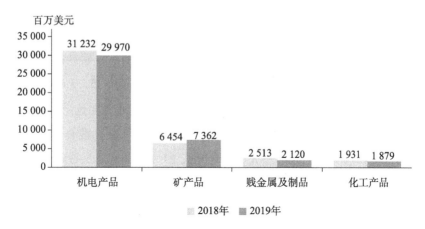

图5-2 中国对新加坡主要出口产品金额

综上所述，2019年1—12月，中国与新加坡双边贸易呈现以下特点：

2019年，中国与新加坡双边贸易有所增长，贸易总额增长率为0.6%，其中进口贸易增长2.4%，出口贸易下降1.2%。中国与新加坡对外贸易在总体上呈现逆差，而且近年来呈现逐步加大的趋势，从2018年的7.5亿美元增至2019年的25.8亿美元。可见，中国与新加坡双边贸易联系日趋紧密，中国在两国经贸合作领域相对活跃。

两国在贸易总量扩大的同时产品贸易结构进一步优化，朝多元化的方向发展。机电产品一直是新加坡对中国出口的主力产品，2019年出口额为224.46亿美元，占新加坡对中国出口总额的43.5%。另外，中国在新加坡矿产品、化工产品市场上也有较大优势，为其主要进口来源地，2019年分别占据进口总额的9.7%和8.0%。

（二）马来西亚

据海关数据统计，2019年1—12月，中国与马来西亚双边贸易总额达761.0亿美元，较2018年同期下降2.3%，占中国与东盟10国双边贸易总额的20.6%，是中国在东盟的第一大贸易伙伴。其中，中国自马来西亚进口额为337.0亿美元，同比下降2.2%；对马来西亚出口额为424亿美元，同比下降2.5%。2019年，中国对马来西亚贸易呈现顺差，顺差额为87亿美元。

从产品结构来看，2019年1—12月，中国自马来西亚进口的前4位产品分别为机电产品、矿产品、塑料橡胶、贱金属及制品，累计进口总额达259.94亿美元。其中，机电产品进口最多，进口额为135.13亿美元，同比下降9.7%；其次是矿产品，进口额为59.13亿美元，同比下降5%；再次是塑料橡胶，进口额为40.72亿美元，同比增长3.2%；贱金属及制品位居第四，进口额为24.78亿美元，同比增长27.1%（见图5-3）。

同期，中国对马来西亚出口的前4位产品分别是机电产品、贱金属及制品、矿产品、化工产品，累计出口总额达307.01亿美元。其中，机电产品出口最多，出口额为206.40亿美元，同比下降4.6%；其次是贱金属及制品，出口额为39.86亿美元，同比下降18%；再次是矿产品，出口额为31.15亿美元，同比增长29.4%；化工产品位居第四，出口额为29.60亿美元，同比下降10.3%（见图5-4）。

综上所述，2019年中国与马来西亚双边贸易呈现以下特点：

中马两国在2019年的双边贸易约占中国与东盟总贸易额的1/4，中国是马来西亚的最大进口国。与2018年同期相比，中马双边贸易总额呈现下降态势，中国对马来西亚贸易逆差进一步缩小。

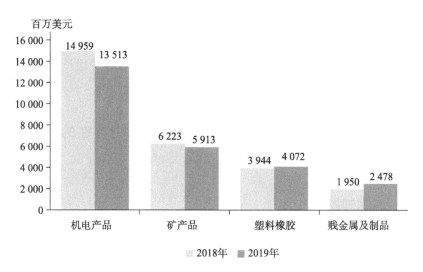

图 5-3 中国自马来西亚主要进口产品金额

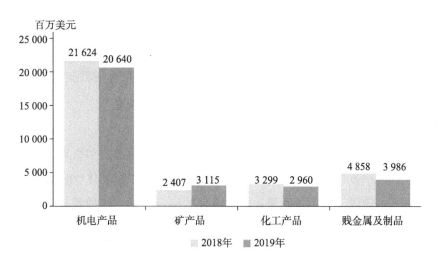

图 5-4 中国对马来西亚主要出口产品金额

一直以来，信息技术产品和棕榈油是中马两国贸易中的主要产品。近年来，两国贸易的主要产品结构发生了变化。2015 年，棕榈油在中国进口产品中所占的份额有所下滑，在所属的动植物油品类中位居第一，占进口总额的 4.0%。由此可知，近年来，中马贸易已不仅仅局限在棕榈油贸易方面，两国贸易的产品逐渐呈现多样化，尤其表现在出口方面，2019 年中国机电产品、矿产品、化工产品出口虽然呈现下降的态势，但机电产品和矿产品仍然是中马最大的双边贸易产品，占双边贸易总额的 57.6%。2019年，中国自马来西亚进口橡胶产品较 2018 年同期呈现继续增长态势，进口额占中国自马来西亚进口总额的比重由 11.5%增至 12.1%。

三、中国与新加坡、马来西亚经贸合作中存在的问题及应对建议

（一）新加坡

1. 存在的问题

（1）经济发展水平上的差异。

按照最优货币区理论，经济制度、经济发展水平和相近的经济结构，以及要素的自由流动是构成区域货币金融合作的基础。由于两国经济发展水平不同，经济一体化程度均不高，经济周期所处阶段、影响经济波动的因素各不相同，这些差异为两国的经贸合作加大了难度。两国在产业整合及政策协调等方面可能会出现不协调以及相冲突的状况。

（2）两国贸易的竞争性。

中国和东盟国家的制造业结构非常相似，特别是在劳动密集型制造业领域，因此双方存在很强的竞争性。这种竞争性很大程度体现在国际市场的争夺上，美国、日本及欧盟是双方最大的出口市场。这种贸易上的竞争性无疑会增加中国与东盟国家经贸合作的难度。

2. 应对建议

（1）促进两国互补贸易的发展。

新加坡在电子机械、信息技术、化工业等方面比较发达，而中国在农业、纺织业等方面具有比较优势，因此双方应基于各自的比较优势，促进互补贸易合作，最终实现优化资源配置和产业结构、两国互惠共赢的局面。

（2）加强经济互补性合作。

由于中国和新加坡在发展水平以及产业结构等方面存在差异，并且双

方在贸易上的竞争性和互补性并存,因此两国的贸易发展模式存在局限。但中国拥有良好的投资环境,相比其他大部分东盟国家,中国在吸引外资的竞争中处于有利地位,这为中新两国的经济合作提供了一种新的思路。

中国与新加坡具有很强的经济互补性,新加坡需要依靠中国实现国内企业转型升级,而中国则可借助新加坡发达的金融市场等开展"一带一路"建设,因此两国通过互补性合作,可以实现共同发展。

(3)淡化区域主导权问题。

由于新加坡是小国,其固有的不安全感使其热衷于在区域经济一体化中获得"主导权"。一旦主导地位受到威胁,新加坡有可能会通过引入区域外的力量来稀释区域中的大国力量。因此,中国应严格奉行"主动但不主导"的区域经济合作战略,淡化主导权问题,从区域经济合作中获取实质性利益。

(二)马来西亚

1. 存在的问题

(1)双边投资中的不平衡局面未能得到明显改观。

中国与马来西亚的双边投资一直以来存在着"马方热,中方冷"的不平衡局面。特别是中国加入世界贸易组织以来,马来西亚多数商家在对华投资热潮中有很高的积极性,与此形成鲜明对比的是,中方投资马来西亚的数额远远小于马来西亚投资中国的数额。中国驻马来西亚大使馆经济商务参赞处提供的数字表明,截至 2012 年底,马来西亚对华投资共 5 253 个项目,总金额达 63.27 亿美元,而中国在马来西亚累计投资总额不足 10 亿美元。

马来西亚中华总商会副会长指出,虽然最近 5 年马中贸易屡创新高,但中资企业对在马来西亚投资却似乎抱着"热忱不足、冷淡有余"的态度。马中两国的经济交往不应该只局限于贸易能量,而忽略双边投资对接。

(2)双边贸易不平衡。

受益于中国—东盟自由贸易区零关税政策,中马贸易这几年发展势头强劲。两国双边贸易迅速扩大，2012 年，中马经贸额保持稳步增长。中国驻马来西亚大使表示，2013 年，马来西亚成为继日本和韩国之后又一个与中国贸易额突破千亿大关的亚洲国家。但自 2000 年后，在中马双边贸易中，中国贸易逆差持续扩大，2000 年为 2 915 亿美元，2006 年增至 10 038 亿美元，到 2010 年高达 26 604 亿美元，10 年间，中方的贸易逆差扩大了 10 倍之多。2011 年，中马双边贸易中，马来西亚方面的顺差更是超过 300 亿美元。随着中马双边贸易量不断增大，收入效应越来越有利于马来西亚。

（3）后金融危机时期双方金融结算成本增加。

中国海关统计数据显示，2012 年，中国与马来西亚贸易额为 948 亿美元，创历史新高。马来西亚连续 5 年成为中国在东盟的第一大贸易伙伴，中国也是马来西亚最大的贸易伙伴。由于后金融危机时期国际各种贸易复苏迹象不明朗，不利于各国经济复苏的因素仍有继续加深和蔓延的趋势，由此进一步凸显了美元本位的国际货币体系的严重缺陷。由于美元是中马双方主要贸易结算货币，因此，直接导致中马双边汇率波动性增大、贸易结算成本显著增加。

（4）经济联系缺乏有力的"黏合剂"。

目前，缺乏持续强化中国与马来西亚经济关系的强势力量，双边经贸关系需要有一个强力而有效的天然"黏合剂"。马来西亚华商在中马双边经济关系中并未有效发挥这一作用。

2. 应对建议

（1）中国应抓住机遇加强对马来西亚的投资。

自 2012 年以来，马来西亚吸引外资无力现象频现。其主要原因一是马来西亚政府的国内债务在 5 年内双倍增长，从 2007 年的 2 470 亿林吉特增加至 2011 年的 4 210 亿林吉特；二是由于欧元区国家面临长期财经动乱，美国将随时陷入第二次萎缩萧条，欧盟和美国在马来西亚的投资纷纷放缓甚至撤出。有"末日博士"之称的里埃尔·鲁比尼（Nouriel Roubini）在其发表的全球经济报告中指出，由于欧元区及美国银行在马来西亚的资金超过国内生产总值的 25%，因此，马来西亚处在外资撤走的高风险中。该报告还指出，欧洲债务危机、中国及美国经济放缓及中东局势紧张，形成一波撼动全球经济的"完美风暴"。以货币政策及财政能力而言，马来西亚应对危机能力最低，目前是亚洲最弱的经济体之一，接下来是泰国、日本及印度尼西亚。

目前，正是中国政府和企业与马来西亚寻求战略投资合作的最佳时机。马来西亚有着丰富的矿产资源和肥沃的土地，经过几十年的发展，马来西亚已成功地把国家对农业和原产品的依赖改变成对出口经济的依赖。此外，马来西亚有优越的投资环境，在世界银行等机构的相关评比中名列前茅。2011 年 8 月，美国商业环境风险评估公司（BERI）发布的《投资环境风险评估报告》显示马来西亚排名第 16，在亚洲的表现超过韩国。

中国企业投资马来西亚要注意以下两点：

第一，投资中方具有优势的行业。中国国有企业投资可以充分利用自由贸易区平台，在实践《中国—东盟自由贸易区投资协议》的基础上，将马方丰富的资源与中方的优势技术以及资金进行有效结合。比如从中国的角度出发，中国在石油化工、机械设备和工程承包等领域有较大的优势，其中不少优势行业是马来西亚鼓励投资和进口的项目，因此，可以发挥中国的人才和劳动力成本优势，扩大对外承包工程劳务合作和项目咨询业务。目前，马来西亚多个领域已向中国投资商开放，其中包括一般金属制品制造、汽车零部件、机械工程设备、工程支持、医疗设备、保健产品、医药产品、替代能源等诸多领域。中国国有企业应积极利用马来西亚政府提供的优惠投资条件，充分发挥中国专业技术和丰富资金的优势，加深中马双边经济关系。

第二，充分利用中国与马来西亚之间已有的产业园平台。目前，中国与马来西亚两国政府合作建设的中马钦州产业园区、马中关丹产业园区进展顺利，并已在园区建设、招商引资等方面迈出实质性步伐。中马钦州产业园区于 2012 年 4 月 1 日正式开园，坐落于广西北部湾经济区。2013 年 2 月 5 日，作为中马钦州产业园区的"姊妹园"，马中关丹产业园区正式启动。马中关丹产业园区临近马来西亚 4 个工业集群，园区提供在清真食品、非食品、石油化工、棕榈油加工行业的广阔的投资合作机会，同时产业园区重点发展领域有：塑料、金属的装备产业、汽车零部件、水泥板、不锈钢、电子、信息通信技术以及可再生能源等。

中国应借助这一新平台，积极利用中国充足的资金和在产品加工领域的技术优势，抓好企业"走出去"的有利契机：

首先，结合马来西亚拥有的丰富自然资源、生物燃料和矿产资源广泛拓展合作渠道，引导中国的企业在马来西亚的石油与天然气工业、棕榈油工业、可持续性能源等领域进行投资或寻求合作。其次，积极利用好马来西亚在产业园区给予的优惠政策，把目标锁定在节能和环境亲和科技、替代和再生能源、高端配备和先进材料制造方面。这些都是绿色工业的先驱，中国企业要善用这一机会大力发展，以此推动中国经济和工业转型。最后，加大中国在马来西亚有较大优势的小型机械、食品加工、电子数码、手表首饰等的发展规模。

（2）推进中马双方的产业内贸易以平衡两国贸易。

近年来，中马双边贸易的中方处于较大贸易逆差，主要是因为马方的自然资源禀赋优势突出。值得关注的是，中国与马来西亚之间的贸易正在经历着从传统的、基于资源禀赋差异的产业间贸易向规模经济、产品异质性为基础的产业内贸易的转变。在双边贸易统计数据中，中国与马来西亚间的机电音像设备、光学医疗设备和化工产品的产业内贸易指数不是最高，但占了中国与马来西亚贸易总额的 51%。由此看来，中马双边产业内贸易主要发生在工业制成品之间，尤其是机电产品设备。因此，中国可以通过发展双边贸易产品的差异化和调整双边产业内结构来减少在中马双边贸易中中方逆差的问题。

第一，产品的差异化。当前，要减少中国在中马双边贸易中的逆差，就应该加强和扩大差异化产品生产。以中国和马来西亚双方市场需求的差异性为基础，力争在同类产品差异化生产上下功夫，在促进中马之间市场不断扩大的同时减少中国的贸易逆差。中国应在生产和流通领域形成统一的、完整的差异化竞争策略,通过产品的差异化生产,满足不同的消费性产品需求,并不断培育新的消费领域,使中马两国的贸易发展更趋于平衡。

第二,在同一产业内部要进行结构调整。中国的许多劳动密集型产品具有出口优势,如果都要在结构上与马来西亚形成互补不太现实,因此,中国不仅在产业结构上要与马来西亚形成互补,也要在同一产业内部进行结构调整,要扩大发展同一层次产业的横向互补关系。努力在同一产业上延长产业链并进行产业高级化发展,向同一产品多元化、多层次、不同质量的方向发展。

(3)对马来西亚加大开放人民币结算业务。

为了共同抵御全球金融危机冲击,减少对美元的依赖性、降低贸易成本和减少汇率波动,中马双方应进一步扩大人民币在中马双边贸易结算中的比重。目前,马来西亚已有 11 家金融机构以人民币作为贸易结算货币,这些金融机构在 2012 年 3 月以后已加入马来西亚电子清算机构私人有限公司的人民币清算系统,该系统已于 2012 年 3 月 21 日正式启动。中国香港财经事务及库务局局长称,在东盟国家中,马来西亚发展人民币结算市场的潜力很大。

中国要进一步加快与马来西亚人民币结算的步伐,增加双方国家有资质的金融机构和银行到对方国家设立派驻机构或成立分行,加大推进马来西亚国家金融机构开展人民币业务种类和范围的力度。加大人民币结算的应用和推广,在马来西亚开展更多的人民币业务。这是当下有效避免双方在贸易过程中发生资金成本、汇率波动的风险的最佳策略。

(4)借助马来西亚华商的经济实力。

马来西亚是东南亚华人占人口总数比例最高的国家之一,华人占其全国人口的 1/3 以上。马来西亚华商数量众多,行业分布广泛,是马来西亚经济发展的支柱。首先应进一步发挥马来西亚华商在中马经济合作中的作用。目前中国政府已经放宽对企业"走出去"到海外投资的限制要求,中国企业投资马来西亚应积极关注马来西亚华商,利用华商在马来西亚国内的经济实力和人脉关系，与马来西亚华商企业积极开展合作关系，共同拓展东南亚和中东伊斯兰国家市场。其次让华商成为中马双边经济关系的天然"黏合剂"，促进中马经贸走向更深层次的交流与合作。另外，应巩固和扩大马来西亚华商前期已经投资或正计划在中国投资的项目，真正让华商感受到投资中国的良好收益，这一强大的示范效应将有利于强化马来西亚和其他东南亚国家的企业对中国的投资信心。

第二节　中国与泰国、菲律宾的进出口贸易分析

一、泰国、菲律宾基本情况介绍

本节以泰国和菲律宾两个东南亚国家作为研究对象，分析其在"一带一路"倡议背景下，与中国经贸协定的签署及进出口贸易往来的情况，找出在此过程中存在的问题，以便进一步加强中国与沿线国家的进出口贸易。首先，我们对泰国及菲律宾进行简单介绍。

（一）泰国

泰国位于中南半岛中部，是一个位于东南亚的君主立宪制国家。军方素有干政传统，对泰国的政治环境有很大影响。泰国的人口主要为农业人口，集中在稻米产地，即泰国的中部和东北、北方。随着全球化进程的推进，泰国也处在工业化过程中，有大约31.1%的泰国人口集中在曼谷等大城市，而且在持续增长中。在经济方面，泰国实行自由经济政策，在20世纪90年代经济发展较快，跻身为"亚洲四小虎"之一，并且泰国是世界的新兴工业国家和新兴市场经济体之一，是东南亚第二大经济体，仅次于印度尼西亚。制造业、农业和旅游业是其经济发展的主要行业。此外，泰国是亚洲唯一的粮食净出口国，世界五大农产品出口国之一。电子工业等制造业发展迅速，产业结构变化明显，汽车业是支柱产业，是东南亚汽车制造中心和东盟最大的汽车市场。

泰国对外奉行独立自主的外交政策。重视周边外交，积极发展睦邻友好关系，维持大国平衡。泰国是东南亚国家联盟成员国和创始国之一，同时也是亚太经济合作组织、亚欧会议和世界贸易组织成员。重视区域合作，2013—2015 年担任中国—东盟关系协调国，积极推进东盟一体化和中国—东盟自贸区建设，支持东盟与中日韩合作。重视经济外交，推动贸易自由化，积极参与大湄公河次区域经济合作。发起并推动亚洲合作对话机制，积极参加亚太经济合作组织、亚欧会议、世界贸易组织、东盟地区论坛和博鳌亚洲论坛等国际组织活动。谋求在国际维和、气候变化、粮食安全、能源安全及禁毒合作等地区和国际事务中发挥积极作用。

2011 年 12 月 22 日，中国人民银行与泰国银行在曼谷签署了中泰双边本币互换协议。2012 年 4 月，中泰两国建立全面战略合作伙伴关系，也是东盟成员国中第一个与中国建立战略性合作关系的国家。泰国和中国不仅在政治上友好，经济上密切，在军事上也有较为紧密的联系。泰国和中国领土不相邻，因而没有边境和南海争端。

（二）菲律宾

菲律宾位于亚洲东南部，海岸线长约 18 533 公里。菲律宾位于亚洲大陆的南缘，是商业、贸易的中转站，在泛北部湾经济合作中具有十分重要的战略地位。

菲律宾实行总统制。2014 年 7 月 27 日凌晨，菲律宾全国总人口突破 1 亿大关，成为世界上第 12 个人口过亿的国家。在经济方面，菲律宾是"亚洲四小虎"之一，菲律宾为发展中国家、新兴工业国家及世界的新兴市场之一，但贫富差距很大。独立至今，菲律宾经历数次经济快速增长。2015 年，菲律宾第一、第二、第三产业占 GDP 的比重分别为 9.5%、33.5%、57%，服务业带动、工业为辅、农业疲软的经济结构一直没有改变。菲律宾奉行独立的外交政策。重视同美国、中国和日本等大国的关系，积极推动东盟内部合作。大力推行经济外交，积极参与国际和地区事务。

二、中国与泰国、菲律宾的经贸协定

(一) 泰国

中泰双方签订了《促进和保护投资协定》（1985 年）、《避免双重征税和防止偷漏税协定》（1986 年）、《贸易经济和技术合作谅解备忘录》（1997年）、《双边货币互换协议》（2011）等。2003 年 10 月，两国在中国—东盟自贸区框架下实施蔬菜、水果零关税。2004 年 6 月，泰国承认中国完全市场经济地位。2009 年 6 月，两国签署《扩大和深化双边经贸合作的协议》。2010 年中国—东盟自由贸易区建立。按照《中国—东盟自由贸易协议》，成员国 90% 的贸易商品实行零关税。2012 年 4 月，两国签署《经贸合作五年发展规划》。

2013 年 10 月，中泰签订了《中泰关系发展远景规划》，中方有意参与廊开至帕栖高速铁路系统项目建设，以泰国农产品抵偿部分项目费用。中泰铁路合作包括四条路线：曼谷—坎桂、坎桂—玛塔卜、坎桂—呵叻以及呵叻—廊开，形成一个"人"字形，横贯泰国曼谷以北的南北国土，是泛亚铁路网的重要组成部分，但该计划一波三折。泰国政府 2016 年 3 月 25日表示，出于对贷款利率等因素的考虑，泰国决定自筹资金投资中泰铁路项目建设工程，不再向中方贷款，原定的路线也随之缩短。修改后的路线将只包括从泰国首都曼谷至东北部城市呵叻一段。这段铁路全长 250 公里，还不到此前规划路线的 1/3，终点呵叻距离泰国与老挝的边境仍有大约 400公里，泛亚铁路网修建受阻。

泰国大力发展基础设施建设，完善国内铁路、公路网络，新建扩建港口，增开航班，不断提升自身作为本地区互联互通枢纽的地位，吸引国外投资，发展制造业，促进本国贸易。因此，泰国需要外资的支持。

同时，泰国政府制定了改善铁路基础设施的战略，大力推动多式联运模型，从以公路运输为主转向单位运输成本更低的混合运输模式，以减少全国的总体物流成本。目前泰国物流成本占 GDP 的比重为 14.2%，与发达国家相比处于较高位。据 2012—2013 年世界经济论坛的基础设施建设排名，泰国公路运输基础设施名列第 51 名，轨道运输基础设施名列第 78 名。公路运输成本是仅次于航空运输成本的第二大成本，公路运输基础设施的单一性导致泰国国内货运失衡，推高了总体货运成本。因此，多式联运模型的主要原则是将公路运输转为轨道运输，轨道运输成本低于公路运输成本 30%，是成本最低的一种运输方式，低于公路运输成本 73% 的水路运输受到地理环境的约束，必须依靠仅流经泰国部分地区的主要河流。因此，发展铁路势不可缓。

对中国而言，加强基础设施互联互通是"一带一路"建设的优先领域，有利于"一带一路"倡议的实施。中泰铁路计划利于泛亚铁路网的建立，中泰铁路将纵贯中南半岛，成为一条重要的国际通道，可能催生亚洲国家之间互免签证，利于中国同东南亚国家往来，加强中国与东盟联系，促进区域一体化，方便中国与东南亚各国的货物贸易，降低运输风险，方便中国在东南亚的投资、制造业的转移，促进中国产业结构调整。

但目前来看，中泰对贷款利率、项目成本、土地经营开发权等未达成一致意见。泰国政治形势对中泰铁路计划具有影响，导致该计划一波三折。中泰铁路合作项目始于英拉政府时期。2013 年 10 月，在李克强总理访问泰国期间，中泰双方签署了被称为"高铁换大米"的协议。但次年 5 月，泰国政局发生变动，英拉下台，巴育接任总理，中泰高铁项目也一度被搁置。亚投行的建立使泰国成为其创始成员国，拥有了可供替代的资金来源。

泰国政府于 2015 年 9 月 29 日在北京签署《亚洲基础设施投资银行协定》，成为亚投行第 52 个的创始成员国。

泰国央行 2016 年 5 月 13 日发布上一个统计周全国外汇储备状况报告显示，截至 2016 年 5 月 6 日，外汇储备统计周存余为 1 778 亿美元。若以 35.34 泰铢/美元汇率折算，约合 6.242 万亿泰铢。至此，央行实际外汇储备存余为 1 936 亿美元。亚投行主要业务范围是援助亚太地区国家的基础设施建设，加入亚投行，扩展了泰国的外资来源，利于本国基础设施的建设。

亚投行的成立对于中国来说，可以促进其外汇储备的利用，利于本国人民在外投资。同时，亚投行和"一带一路"倡议相辅相成，利于"一带一路"倡议的实施，这也是促进人民币国际化的一个重要举措。

亚投行的设立向传统由国际货币基金组织（IMF）、世界银行（WB）和亚洲开发银行（ADB）主导的国际金融秩序提出挑战，成为美国领导的世界银行和日本领导的亚洲开发银行的潜在竞争对手，泰国加入需考虑其与美日的关系因素。

（二）菲律宾

2010 年中国—东盟自由贸易区建立。按照《中国—东盟自由贸易协议》，成员国 90% 的贸易商品实行零关税。菲律宾为东盟十国主要成员，在 *Philippine Tariff Reduction Schedule Under The Asean—China Free Trade Agreement*（*Acfta*）*For* 2012—2018 中，菲律宾多数产品实行或将实行零关税。

菲律宾政府于 2015 年 12 月 31 日签署《亚洲基础设施投资银行协定》，成为第 57 个也即最后一个创始成员国。

据《马尼拉公报》2016 年 4 月 25 日报道，亚洲开发银行近日发表研究报告称，为保持经济增长、减少贫困，亚太地区各国均积极投资基础设施建设，该地区为此产生的融资需求预计每年高达 8 000 亿美元，相当于该地区 GDP 总和的 6%。目前亚太地区基建融资总额仅为 2%～3%，这其间的 3%～4% 缺口是制约各国经济发展的重要因素。2015 年世界经济论坛公布的东盟 6 国关键基础设施数据显示，在与印度尼西亚、马来西亚、新加坡、泰国和越南等其他 5 国的比较中，菲律宾基础设施远远落后，其中可获得电力的人口占比为 70.2%，输电损耗率为 12%，每百个居民拥有固定电话 3.2 部，每百个居民拥有手机号码 104.5 个，铺面道路占总道路长度的比例为 26.9%，以上指标均排名最末；可获得经处理水源的人口比例为 91.8%，可获得卫生服务的人口比例为 74.3%，这两项指标仅高于印度尼西亚，排名第 5。菲律宾需要中长期融资 1 200 亿美元来缓解基础设施融资瓶颈，这其中仅 12% 由私营部门完成，菲律宾年资金需求约为 115.6 亿美元。菲律宾需要外来资金的支持。

亚投行是美国领导的世界银行和日本领导的亚洲开发银行的潜在对手，

且美国、日本为菲律宾的战略伙伴,菲律宾需谨慎考虑与美日中的关系。

三、中国与泰国、菲律宾的进出口贸易现状

(一)泰国

1. 货物贸易

如表5-1和图5-5所示,2019年第一季度至第三季度中泰贸易额呈上升趋势,在2019年第四季度贸易额略呈下降趋势。进出口贸易额变化趋势一致,中国和泰国之间顺逆差不大。由图5-6、图5-7、图5-8、图5-9可知,2019年泰国向中国出口的五大类产品分别为塑胶橡胶、机电产品、植物产品、化工产品、运输设备;2019年泰国从中国进口的五大类商品分别为陶瓷玻璃、塑料橡胶、机电产品、植物产品、化工产品。

表 5-1 2019 年中国与泰国贸易金额　　　　　　　　　　单位:亿美元

	第一季度	第二季度	第三季度	第四季度	合计
进口	66.8	70.7	142.3	10.4	290.2
出口	117.6	126.3	245.5	20.4	509.8
总计	184.4	197.0	387.8	30.8	800.0

资料来源:中国海关数据网。

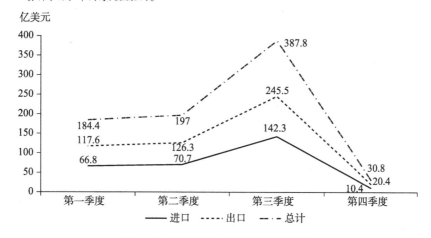

图 5-5 2019 年中国与泰国贸易金额

资料来源:中国海关信息网。

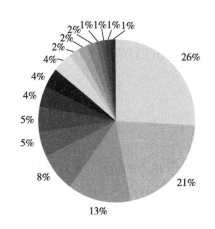

图5-6 2019年泰国向中国出口主要商品

资料来源:中国海关信息网。

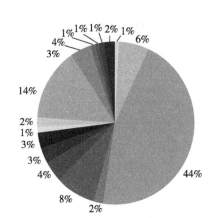

图5-7 2019年泰国从中国进口主要商品

资料来源:中国海关信息网。

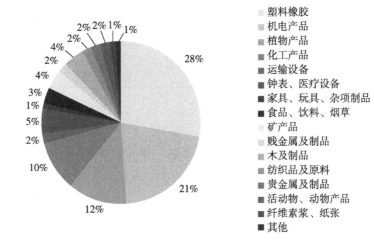

图5-8 2019年第一季度泰国向中国出口主要商品

资料来源：中国海关信息网。

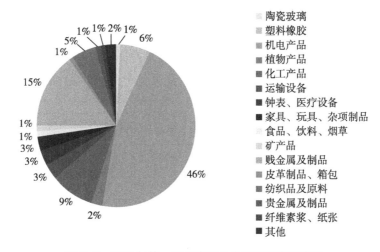

图5-9 2019年第一季度泰国从中国进口主要商品

资料来源：中国海关信息网。

2. 服务贸易

据盘谷银行研究部统计，2015年全年共计2 990万外国游客赴泰旅游，同比增长20.7%，创下过去10年最高纪录。其中第四季度外国游客人数高达776.55万人次，同比增幅为4.1%，已连续第5个季度增长，同时较第三季度提高 6.89%。近年来，中国游客人数持续增长，2015 年总人数已跃升至 793.48 万人次，与 2010 年的 112.78 万人次相比，5 年间增长率为 603.56%；与 2014 年相比，增幅亦高达 71.6%。

（二）菲律宾

1. 货物贸易

由表 5-2 和图 5-10 可知，2019 年第一季度到第四季度中国与菲律宾贸易金额呈上升趋势，菲律宾相对中国存有顺差，顺差呈扩大趋势。由图 5-11、图 5-12 可知，中国在菲律宾进出口对象国中占重要地位，尤其在进口方面，2015 年菲律宾从中国大陆进口产品总额 108 亿美元，占比 16.2%，同比增长 9.7%，排名第一，美国、日本次之，进口额分别为 72.2 亿美元、63.8 亿美元，分别占比 10.8% 和 9.6%，在 2016 年 3 月菲律宾进口主要国家中中国仍排名第一，占比为 25.3%。菲律宾统计署的数据显示，2016 年，菲律宾向中国出口的商品中，电子类产品高居首位，出口额 38.04 亿美元，占菲对华出口总额的近 60%。同期，菲自华进口电子类产品 32.99 亿美元、钢铁 23.32 亿美元，分别占菲自华进口总额的 21.2% 和 15.0%。

表 5-2　2019 年中国与菲律宾贸易金额　　　　单位：万美元

	第一季度	第二季度	第三季度	第四季度	合计
进口	437 554	517 120	557 852	507 995	2 020 521
出口	841 320	996 687	1 048 368	1 188 312	4 074 687
总计	1 278 874	1 513 807	1 606 220	1 696 307	6 095 208

资料来源：中华人民共和国驻宿务总领事馆经济商务室。

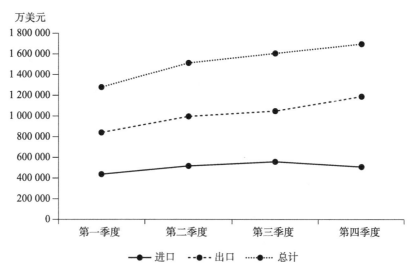

图 5-10　2019 年中国与菲律宾贸易金额

资料来源：中国海关信息网。

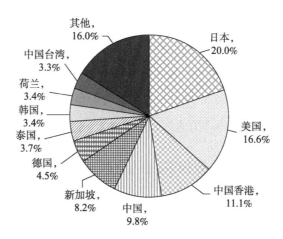

图 5-11　2016 年 4 月菲律宾出口目标国/地区市场比重

资料来源：中国海关信息网。

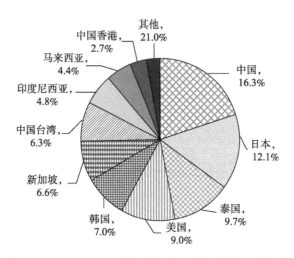

图5-12　2016年3月菲律宾进口来源国/地区市场比重

资料来源：菲律宾统计网站 PHILIPPLNE STATISTICS AUTHOURITY。

2. 服务贸易

2015年服务贸易进出口总额达554.4亿美元，同比增长17.5%。其中，服务贸易出口328.7亿美元，同比增长21%；进口225.7亿美元，同比增长12.8%。2015年菲律宾共接待外国游客536万人次，同比增长10.9%。旅游收入50亿美元，同比增长5.9%，约占GDP的8%。中国是菲律宾第四大外国游客来源国，游客达49.1万人次，同比增长24.3%，占比9.2%。

四、中国与泰国、菲律宾贸易良性互动的原因分析

（一）泰国

中国与东盟建立自由贸易区，而泰国既连接陆上东盟，也连接海上东盟，是有着6亿多人口的东盟大市场的天然交汇点，区位优势得天独厚，公路、铁路、航空、港口、通信、电力等基础设施较为完善。按照《中国—东盟自由贸易协议》及 *Thailand's ACFTA Tariff Reduction Schedule for NT and NT II*，中泰两国多数产品致力降为零关税。同时，泰国地理位置与中国相近，交通运输方便，成本低，这促进了中泰贸易的发展，提升了中国在泰

国对外贸易中的地位。

泰国经济结构随着经济的高速发展出现了明显的变化。虽然农业在国民经济中仍然占有重要的地位,但制造业在其国民经济中的比重已日益扩大。这奠定了大米和天然橡胶在泰国对外贸易中的重要位置。泰国人口6 700多万,劳动力资源丰富。近年由于中国劳动力成本的上升,各国将劳动力导向型产业陆续转到东南亚,制造业已成为东南亚比重最大的产业,且成为主要出口产业之一。泰国工业化进程的一大特征是充分利用其丰富的农产品资源发展食品加工及其相关的制造业,如泰国向中国出口的五大类产品中有塑胶粒、木薯制品、天然橡胶。

如今,中国游客外出旅游成为一种风尚,中国游客已成为影响东亚地区游客人数和旅游、消费方向的重要因素。在 2014 年《国际观光旅游竞争力报告》中,泰国旅游业在全球竞争中排名第 35 位,由美国时代周刊旗下的知名旅游杂志《旅游与休闲》发布的《2015 年世界最佳旅游城市》中,泰国曼谷排第 6 名。由于路途不远,且出行和签证较为便利,泰国成为中国跟团游客首选出游国,并且在总体出游目的国榜上排名第 5 位。

(二)菲律宾

菲律宾普通劳动力成本低于亚洲大多数国家,白领雇员平均工资水平仅为美国的 1/4。菲律宾近年来大量吸收外资促进制造业的发展。据菲律宾央行统计,2015 年菲律宾吸收外国股本投资 25.9 亿美元,同比增长4.5%,其中新增股本投资 18.4 亿美元,同比增长 15.1%。菲律宾的外资主要集中在制造业、服务业、通信业、金融和地产业四大领域,这四大行业利用外资的总和占全国利用外资的近 80%,因而发展快速。

菲律宾的交通运输以公路和海运为主。铁路不发达,总长才 1 200 公里,集中在吕宋岛。公路总长约 20 万公里,客运量占运输总量的 90%,货运量占运输货运量的 65%。水运总长3 219公里,共有大小港口数百个,主要港口为马尼拉、宿务、怡朗、三宝颜等。菲律宾交通状况受地形地势的影响,公路无法满足大宗货物的运输。适应货物要求的完善便利的交通设施对菲律宾贸易发展影响重大。

自 2016 年 6 月杜特尔特就职菲律宾总统以来，中菲关系不断改善，经贸合作不断推进。2016 年，中国成为菲律宾第一大贸易伙伴国。

按照《中国—东盟自由贸易协议》，成员国 90%的贸易商品实行零关税，这促进了中菲贸易发展。"一带一路"倡议的提出，为包括中菲在内的沿线国家实现互惠合作和优势互补提供了新的机遇。菲律宾有着丰富的自然资源以及相对廉价的劳动力，可与中国的资金、技术等资源相结合，在全球产业链中形成更强的竞争优势，实现共赢。

习近平总书记指出，菲律宾是中国友好邻邦，也是共建"一带一路"的重要伙伴。坚持睦邻友好合作、实现合作共赢是发展中菲关系的正确道路。

五、小结

由于科技和交通运输方式的发展，世界经济处于经济全球化的浪潮中，全球联系密切。同时区域一体化作为一种政治经济力量，在全球政治经济秩序的建立、完善、重组中更具有话语权。一个区域中各国的合作与贸易往来更是密不可分。中国于 2013 年提出的"一带一路"倡议和 2015年成立的亚投行现已形成相辅相成的互促关系，可认为"一带一路"建设为亚投行开路，也可以将亚投行看作"一带一路"建设的"后勤"，这两者均促进了中国对外贸易的发展，利于东盟国家基础设施建设，将使东盟不同发展水平的国家融入地区产业链中，发挥各自的比较优势。经贸协定作为一种对贸易的约束，在追求集体利益最大化的同时促进两国贸易的共同发展，如《中国—东盟自由贸易协议》，约定零关税的发展方向，促进了中国和东盟国家的贸易发展。

中国与泰国、菲律宾之间应加强双边关系，区域经济一体化的发展使各国联系密切，中国与菲律宾的南海争端已不限于政治领域，在经济领域也产生重要影响。

东南亚作为新兴劳动密集型产业转移的目的地，应该加大对基础设施的投入，如港口建设、交通建设。同时，应注意未来发展趋势，注重产业结构的优化、升级和环境保护。

对于泰国来说，中国游客数量的增长固然使泰国旅游业受益，但泰国旅游业客源过于集中、单一的风险也在不断提高。因为包括中国游客在内的东亚游客均有一个特点，即对各种突发事件较为敏感，一旦发生特别事件，游客人数将会急剧降低。因而需要保持一个稳定的政治、经济环境以扩展游客来源。

第三节　中国与日本、韩国的进出口贸易分析

中国、日本、韩国作为东亚地区三个大国，GDP 总量已达到 15 万亿美元，占全球 GDP 的 20%，占亚洲 GDP 的约 70%，占东亚 GDP 的 90%，已超过欧盟，但三国之间的贸易量只占三国对外贸易总量的不足 20%。因此，三国之间经济发展仍有进一步提升的空间。本节将着重分析近年来中国分别与日本、韩国的贸易发展，并在"一带一路"建设以及当今世界形势的大背景下对三国之间如何加强经济联系、推动经济发展提出建议。

一、"一带一路"倡议对日韩的路径和影响

（一）"一带一路"倡议影响日韩的路径

按照"一带一路"倡议的规划，东北的长吉图开发开放先导区是东北亚区域的核心。"一带一路"倡议共有 5 条线路，分别为北线 A、北线 B、中线、南线、中心线。其中北线 A 涉及日韩：北美洲（美国、加拿大）—北太平洋—日本、韩国—日本海—海参崴（扎鲁比诺港、斯拉夫扬卡等）—珲春—延吉—吉林—长春（即长吉图开发开放先导区）—蒙古国—俄罗斯—欧洲（北欧、中欧、东欧、西欧、南欧）。

（二）"一带一路"倡议对日韩的影响

1. 获得中国大量的投资

随着改革开放的不断推进，中国积累了大量的资本。当前，中国企业

积极"走出去"对外进行投资。日韩受经济危机影响，所获投资逐渐减少，中国的投资可以在一定程度上缓解这些问题。

2. 有利于推动中日韩自贸区的开通

中日韩如果成了自贸区，可以极大地促进三国经济的发展。中国与韩国已经率先建立自贸区。通过"一带一路"建设，三国之间的经济联系更加紧密，交流更加频繁，有利于中日韩自贸区的开通。

3. 在高端制造业等领域面临与中国的激烈竞争

前文已经提到，"一带一路"倡议推出的背景就是中国面临产业升级。中国一旦完成产业升级，大量高端制造业产品将会出口国外，日韩在相关产业方面的优势将会丧失，不得不面对技术具有后发优势而且工业制造能力超强的中国的竞争。

二、中国与日韩签订的经贸协定

（一）中日韩投资协定

2012 年 5 月 13 日，中日韩三方在北京签署了《中华人民共和国政府、日本国政府及大韩民国政府关于促进、便利及保护投资协定》及《议定书》。该协定谈判自 2007 年启动，历时近 6 年，先后进行了 13 轮正式谈判和数次非正式磋商。协定共包括 27 条和 1 个议定书，涵盖了国际投资协定通常包含的所有重要内容，包括投资定义、适用范围、最惠国待遇、国民待遇、征收、转移、代位、税收、一般例外、争议解决等条款。该协定于 2014 年 5 月 17 日生效，是中日韩之间第一个促进和保护三国间投资行为的法律文件和制度安排，将为三国投资者提供更为稳定和透明的投资环境。

（二）中韩自由贸易协定

中韩自贸区谈判于 2012 年 5 月启动，是中国对外商谈覆盖领域最广、涉及国别贸易额最大的自贸区。在开放水平方面，双方货物贸易自由化比例均超过"税目 90%、贸易额 85%"。协定范围涵盖货物贸易、服务贸易、投资和规则共 17 个领域，包含了电子商务、竞争政策、政府采购、环境等

"21世纪经贸议题"。2015年12月20日《中韩自贸协定》正式生效。两国于2015年12月20日实施第一步降税,2016年1月1日实施第二步降税。根据中韩协定关税减让方案,以2012年数据为基准,中方实现零关税的产品最终将达到税目数的91%、进口额的85%,韩方实现零关税的产品最终将达到税目数的92%、进口额的91%。2016年1月1日,中方实施零关税的税目数比例达20%,主要包括部分电子产品、化工产品、矿产品等;韩方实施零关税的税目数比例达50%,主要包括部分机电产品、钢铁制品、化工产品等。

三、"一带一路"倡议前后中国对日韩进出口贸易状况分析

(一)中国对日韩进出口状况

1. 日本

由图5-13可知,2015—2017年,中日进出口总额变化呈现上升趋势,而从2018年开始进出口总额出现明显下降。

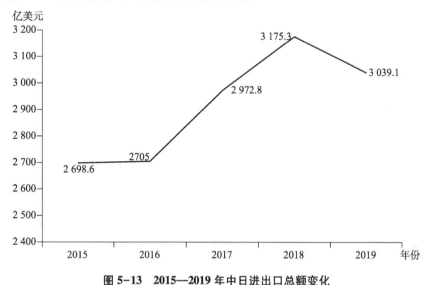

图5-13 2015—2019年中日进出口总额变化

资料来源:中华人民共和国商务部官网国别报告。

由图 5-14 可知,中国对日本贸易一直存在贸易顺差,这种顺差在近几年总体呈下降趋势,且在 2015 年达到顶峰,但 2018 年与前一年相比略有下降。

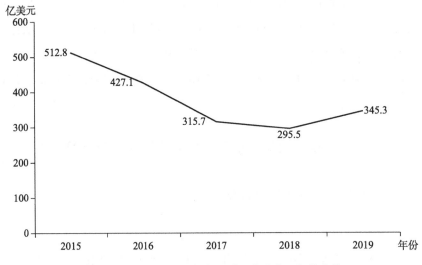

图 5-14 2015—2019 年中国对日本进出口顺差变化

资料来源:中华人民共和国商务部官网国别报告。

由图 5-15 可知,2015—2019 年中国对日本的进口额呈现上升趋势,除 2019 年与前一年相比增长幅度较小之外,其余年份同比均有明显上升趋势。

由表 5-3 可知,2019 年,中国从日本进口的主要产品是机电产品、化工产品和运输设备,进口额分别为 548.75 亿美元、168.89 亿美元和138.20 亿美元,同比分别下降 11.5%、上升 2.3% 和下降 0.7%,分别占日本对中国出口总额的 40.7%、12.5% 和 10.3%。在所有进口商品中,纤维素浆和纸张降幅居前,为 32.8%。

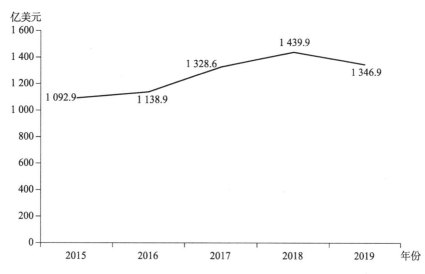

图 5-15　2015—2019 年中国对日本进口额变化

资料来源：中华人民共和国商务部官网国别报告。

表 5-3　2019 年中国从日本进口主要商品构成

海关分类	HS 分章	商品类别	2019 年 1—12 月（亿美元）	上年同期（亿美元）	同比（％）	占比（％）
第 16 类	84~85	机电产品	548.75	619.86	−11.5	40.7
第 6 类	28~38	化工产品	168.89	165.14	2.3	12.5
第 15 类	86~89	运输设备	138.20	139.20	−0.7	10.3
第 18 类	90~92	钟表、医疗设备	115.50	120.52	−4.2	8.6
第 17 类	72~83	贱金属及制品	103.73	123.33	−15.9	7.7
第 7 类	39~40	塑料橡胶	92.87	93.99	−1.2	6.9
第 11 类	50~63	纺织品及原料	22.98	24.08	−4.6	1.7
第 20 类	94~96	家具、玩具、杂项制品	17.52	18.86	−7.1	1.3
第 13 类	68~70	陶瓷玻璃	16.55	17.89	−7.5	1.2
第 10 类	25~27	矿产品	15.84	17.13	−7.6	1.2
第 5 类	71	贵金属及制品	11.39	8.77	29.8	0.9
第 14 类	47~49	纤维素浆、纸张	9.76	14.52	−32.8	0.7

续表

海关分类	HS 分章	商品类别	2019 年1—12 月（亿美元）	上年同期（亿美元）	同比（%）	占比（%）
第 1 类	16～24	食品、饮料、烟草	6.73	4.97	35.6	0.5
第 4 类	01～05	活动物、动物产品	3.89	3.67	6.0	0.3
第 2 类	44～46	木及制品	1.48	1.45	1.9	0.1
		其他	72.83	66.25	9.9	5.4
		总值	1 346.90	1 439.62	−6.4	100.0

资料来源：中华人民共和国商务部官网国别报告。

在机电产品，运输设备，贱金属及制品，化工产品，光学、钟表、医疗设备这五大类商品中，中国在机电产品、贱金属及制品和化工产品这三方面居于首位，分别领先第二名 1.1%、9.0% 和 7.2%；在运输设备和光学、钟表、医疗设备方面中国均居于美国之后，排名第二，分别落后美国 26.5% 和 3.0%。

由图 5-16 可知，中国对日本的出口额呈现波动趋势。2017 年与前一年相比仍有小幅上升，但从 2018 年开始中国对日本的出口额总体呈下降趋势。

图 5-16　2015—2019 年中国对日本出口额变化

资料来源：中华人民共和国商务部官网国别报告。

由表5-4可知，中国出口日本的主要商品为机电产品、纺织品及原料和家具、玩具、杂项制品，2019年出口额分别为781.09亿美元、206.74亿美元和105.01亿美元，同比分别下降1%、5.5%和2.3%，分别占日本自中国进口总额的46.2%、12.2%和6.2%。在日本市场上，中国的劳动密集型产品依然占有较大优势，如纺织品及原料、鞋靴伞和箱包等轻工产品，这些产品在日本进口市场的占有率均在60%以上，中国产品的主要竞争对手来自亚洲国家（如越南、泰国）以及意大利、美国等。

表5-4 2019年中国对日本出口主要商品构成

海关分类	HS分章	商品类别	2019年1—12月（亿美元）	上年同期（亿美元）	同比（%）	占比（%）
第16类	84~85	机电产品	781.09	789.30	-1.0	46.2
第11类	50~63	纺织品及原料	206.74	218.87	-5.5	12.2
第20类	94~96	家具、玩具、杂项制品	105.01	107.52	-2.3	6.2
第15类	72~83	贱金属及制品	98.35	100.12	-1.8	5.8
第6类	28~38	化工产品	94.42	101.48	-7.0	5.6
第7类	90~92	钟表、医疗设备	58.88	58.30	1.0	3.5
第18类	39~40	塑料橡胶	57.86	5 904	-2.0	3.4
第4类	16~24	食品、饮料、烟草	49.00	50.61	-3.2	2.9
第17类	86~89	运输设备	45.36	46.81	-3.1	2.7
第12类	64~67	鞋靴、伞等轻工产品	33.08	35.49	-6.8	2.0
第8类	41~43	皮革制品、箱包	26.58	26.71	-0.5	1.6
第2类	06~14	植物产品	25.43	26.55	-4.2	1.5
第13类	68~70	陶瓷玻璃	22.36	22.95	-2.6	1.3
第9类	25~27	矿产品	18.82	22.82	-17.5	1.1
第5类	47~49	纤维素浆、纸张	15.98	14.69	8.8	1.0
		其他	53.21	54.73	-2.8	3.1
		总值	1 692.18	1 735.99	-2.5	100.0

资料来源：中华人民共和国商务部官网国别报告。

2. 韩国

由图 5-17 可知，2015—2019 年，中韩进出口总额变化呈现波动趋势，2015—2016 年出现下降趋势，而从 2016 年开始，中韩进出口总额得到恢复并呈现上升趋势，但 2019 年与上一年相比两国进出口总额又一次下降。

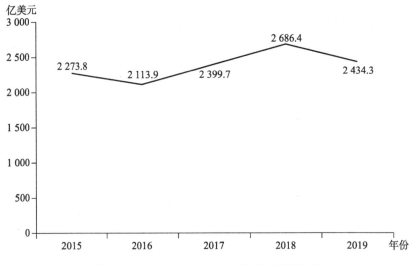

图 5-17 2015—2019 年中韩进出口总额变化

资料来源：中华人民共和国商务部官网国别报告。

由图 5-18 可知，中国对韩国贸易一直存在贸易逆差，这种逆差在2018 年达到顶峰，但从 2019 年开始逐步下降，至 2019 年已经低于 2016 年的逆差。

由图 5-19 可知，2015—2019 年中国从韩国的进口额呈现"山峰"趋势，即先上升，然后趋稳，随后开始下降。从 2016 年开始中国对韩国进口额一直在增长，到 2018 年达到顶峰，2019 年与前一年相比出现明显下降趋势。

由表 5-5 可知，机电产品、化工产品、塑料橡胶是中国对韩国进口的主要产品，2019 年进口额分别为 707.8 亿美元、199.67 亿美元和 109.26亿美元，同比分别下降 19.6%、10.5% 和 5.5%，三类产品合计占韩国对中

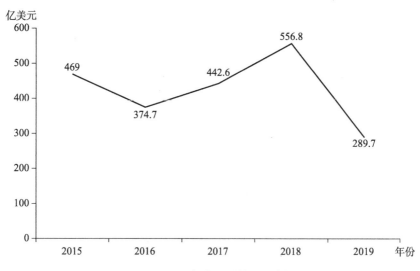

图 5-18　2015—2019 年中国对韩国进出口逆差变化

资料来源：中华人民共和国商务部官网国别报告。

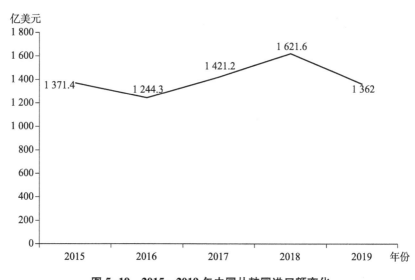

图 5-19　2015—2019 年中国从韩国进口额变化

资料来源：中华人民共和国商务部官网国别报告。

国进口总额的 74.7%。2019 年中国对韩国进口的钟表、医疗设备出现较大降幅。

表 5-5　2019 年中国从韩国进口主要商品构成

海关分类	HS 分章	商品类别	2019 年 1—12 月（亿美元）	上年同期（亿美元）	同比（%）	占比（%）
第 16 类	84~85	机电产品	707.80	880.32	−19.6	52.0
第 6 类	28~38	化工产品	199.67	223.11	−10.5	14.7
第 7 类	39~40	塑料橡胶	109.26	115.67	−5.5	8.0
第 18 类	90~92	钟表、医疗设备	98.64	136.18	−27.6	7.2
第 5 类	25~27	矿产品	86.36	101.30	−14.8	6.3
第 15 类	72~83	贱金属及制品	79.43	84.60	−6.1	5.8
第 17 类	86~89	运输设备	27.42	25.53	7.4	2.0
第 11 类	50~63	纺织品及原料	15.84	18.26	−13.2	1.2
第 4 类	16~24	食品、饮料、烟草	9.46	8.90	6.3	0.7
第 13 类	68~70	陶瓷玻璃	8.84	8.54	3.5	0.7
第 20 类	94~96	家具、玩具、杂项制品	4.61	4.81	−4.1	0.3
第 10 类	47~49	纤维素浆、纸张	3.86	4.59	−15.9	0.3
第 1 类	01~05	活动物、动物产品	3.70	2.75	34.7	0.3
第 14 类	71	贵金属及制品	2.48	2.01	23.4	0.2
第 12 类	64~67	鞋靴、伞等轻工产品	1.49	1.61	−7.6	0.1
		其他	3.16	3.06	3.2	0.2
		总值	1 362.03	1 621.25	−16.0	100.0

资料来源：中华人民共和国商务部官网国别报告。

在机电产品、运输设备、贱金属及制品、塑料橡胶及化工产品这五大类商品中，除运输设备排名第三外，其他四类商品中国均是韩国第一大出口对象，且领先第二名 4.2%~37.8%。

由图 5-20 可知，中国对韩国的出口额也呈现波动趋势。2015 年开始时处于下降趋势，但从 2016 年开始中国对韩国的出口额开始大幅增长，至 2018 年开始趋缓。

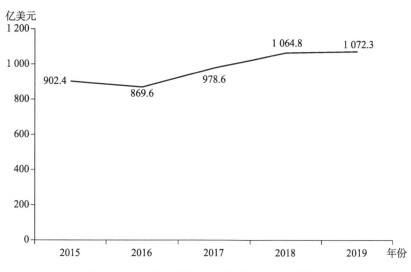

图 5-20 2015—2019 年中国对韩国出口额变化

资料来源：中华人民共和国商务部官网国别报告。

由表 5-6 可知，韩国自中国进口排名前三位的商品为机电产品、贱金属及制品和化工产品，2019 年进口额分别为 538.47 亿美元、122.37 亿美元和 103.24 亿美元，机电产品增长了 6.8%，贱金属及制品增长了 0.6%，化工产品下降了 9.9%，分别占韩国自中国进口总额的 50.2%、11.4% 和 9.6%。韩国从中国主要进口的商品中，矿产品出现较大降幅。在纺织品及原料、家具玩具这类劳动密集型产品的进口市场上，中国在韩国市场继续保持优势。在这些产品上，中国主要的竞争对手是日本、美国、意大利和越南等国家。

表 5-6 2019 年中国对韩国出口主要商品构成

HS 分章	商品类别	2019 年 1—12 月（亿美元）	上年同期（亿美元）	同比（%）	占比（%）
84~85	机电产品	538.47	504.25	6.8	50.2
72~83	贱金属及制品	122.37	121.69	0.6	11.4
28~38	化工产品	103.24	114.63	-9.9	9.6

HS 分章	商品类别	2019 年 1—12 月（亿美元）	上年同期（亿美元）	同比（%）	占比（%）
50~63	纺织品及原料	60.22	60.93	−1.2	5.6
94~96	家具、玩具、杂项制品	40.52	38.86	4.3	3.8
39~40	塑料橡胶	35.20	34.43	2.3	3.3
90~92	钟表、医疗设备	29.92	45.66	−34.5	2.8
68~70	陶瓷玻璃	27.11	29.33	−7.6	2.5
86~89	运输设备	22.94	21.32	7.6	2.1
16~24	食品、饮料、烟草	15.88	15.34	3.5	1.5
64~67	鞋靴、伞等轻工产品	14.00	14.59	−4.0	1.3
06~14	植物产品	12.14	12.04	0.8	1.1
01~05	活动物、动物产品	11.28	13.12	−14.0	1.1
25~27	矿产品	10.78	11.81	−8.7	1.0
41~43	皮革制品、箱包	10.52	10.61	−0.8	1.0
	其他	17.68	16.29	8.5	1.6
	总值	1 072.29	1 064.89	0.7	100.0

资料来源：中华人民共和国商务部官网国别报告。

（二）贸易趋势分析

1. 中日贸易

2011—2015 年，中日贸易出现持续萎缩，中国对日本贸易顺差总体扩大，2015 年与前一年相比下降。中国从日本的进口持续下降，对日出口较稳定但 2015 年与前一年相比大幅下降。2015 年，中国从日本进口的主要产品是机电产品、化工产品和贱金属及制品，中国出口日本的主要商品为机电产品、纺织品及原料和家具玩具。无论是出口还是进口，中国均占据日本进（出）口五大类产品的前三名且一半以上是第一名，因此中国是日本最为重要的贸易伙伴之一。

2. 中韩贸易

中韩贸易出现震荡，从最开始的下降趋势到持续的快速上升再到下降，中国对韩国贸易逆差先上升后下降，2015 年与 2011 年逆差大致相同，中国从韩国的进口先上升后下降，对韩国出口先下降后上升并取得突破；机电产品、光学医疗设备和化工产品是中国从韩国进口的主要产品，韩国自中国进口排名前三位的商品为机电产品、贱金属及制品和化工产品；无论是出口还是进口，中国几乎均占据韩国五大类产品的前三名且一半以上是第一名，因此中国也是韩国最为重要的贸易伙伴之一。

3. 总结

经济体量决定了中日双边贸易量远大于中韩双边贸易量，三国在全球经济中的地位也决定了彼此之间都是极其重要的贸易伙伴。总体来说中日贸易出现下降趋势，并且下降趋势越发明显；而中韩贸易总体处在快速发展之中。

（三）出现上述趋势的原因

1. 中日贸易

（1）日本经济的低迷。

从日本实际国内生产总值（GDP）增速来看，2013 年为 2.0%，2014 年为-0.9%，2015 年为 0.8%，2015 年第四季度日本实际 GDP 环比年化增速为-1.4%，私人消费疲软成为主要拖累因素。政府想要实现 2% 的增长目标难度较高。与税收直接相关的名义 GDP 方面，3% 的增速目标更是从未兑现。日本央行提出的两年期间物价上涨 2% 的通胀目标也已第四次推迟达成期限，作为标志性数据的消费者物价指数还连续出现同比下降。安倍经济学一共有"三支箭"，即量化宽松、财政刺激和结构性改革，但其中最为重要的结构性改革一直没能推行。因此，安倍经济学事实上已经失败。并且，日本近几年国内需求萎靡，财政赤字严重，继 2008 年次贷危机后，日本缓慢恢复的经济再遭打击，尤其是受 2011 年日本大地震影响，日本经济越发惨淡。在日本经济不景气的大背景下，中日贸易出现下降也是正常现象。

（2）中国产品质量与竞争力的提高。

从数据上看，高技术、中技术制造业出口产品在中国制造业产品总出口占比和年均变化占比总体呈现上升趋势，各自的年均增长率分别达到了48.94%、27.66%，增长较快；中低技术、低技术制造业出口产品占比总体呈下降趋势，各自年均降幅分别达到3.67%、6.11%。在现实中，以华为手机、大疆无人机为代表的中国高质量产品已经在国内、国际上获得更多的认可，同时也打开了日本市场，日本对中国的出口也随之下降。因此，日本经济的下滑和中国产品质量与竞争力的提高促成了中国对日本贸易顺差的扩大。

2. 中韩贸易

（1）韩国畸形的经济结构导致其经济出现波动。

以三星和现代为首的十大企业占了韩国 GDP 的70%之多，仅三星一家就占20%。现在韩国经济几乎可以说是系于三星和现代之一线的，因此这几家公司的运营情况直接影响了韩国经济的发展。2012—2014 年三星手机的中国市场占比达到了22%，尤其是2012 年，三星在移动通信业务中如有神助，第一季度全球手机销量首次超过诺基亚，终结了长达14 年的"诺基亚领跑时代"。而以2014 年为界，在中国国产智能手机崛起的大背景下，三星公司在中国的营业额大幅缩水。在中国智能手机市场曾长期领跑的三星电子，在2015 年的智能手机销量排名中跌出了前五。现代汽车也是如此。在中国汽车市场，韩国现代汽车曾长期雄踞销量第三的宝座，仅次于德国大众和美国通用，但是近年表现却不尽如人意。2016 年1 月现代汽车在中国的销量同比减少22%，仅为12.4 万辆，被2015 年实际销量位居中国市场第四的日产汽车（同月为12.7 万辆）赶超。这与2014 年中韩进出口总额出现拐点在时间上吻合。

（2）中国产品质量与竞争力的提高。

从上文我们也可以很清楚地发现，正是由于2014 年以后中国产品质量与竞争力显著提高，中韩贸易发生了根本性变化，对韩出口增加，进口减少，对韩贸易逆差也在下降。

（3）中韩政治关系与民间交流的快速发展。

由于中韩两国在历史上都曾经受过日本的欺侮，因此在日本政府"右倾"化加剧的背景下，中韩两国在政治上更加团结，在朝核问题方面中韩立场也有共同之处。同时，两国民间交往也在快速发展，中国许多综艺节目都选择在韩国进行录制，并与韩国的相关综艺节目和艺人进行交流；中国东北地区有大量的朝鲜族人，他们中的很多人在韩国工作，韩国也有许多人在中国从事各方面的工作，因此两国民间交流取得了快速发展。

四、建议

（一）各国政府在大局上应当务实，眼光长远

当前中国政府的战略布局及行为总体上是非常务实而且眼光长远的，从"一带一路"倡议到改善中韩关系，发展中俄关系，以及与美国建设新型大国关系等，这些都体现了中国作为在全球有一定影响力的大国的战略。东亚地区本质上就是中美之间的博弈，但日韩都希望自己能够在其中扮演关键角色并主导事态发展，显而易见其自身实力还是有限。因此，日韩政府在未来的战略制定中必须承认当前的形势，并根据目前中美博弈和自身实际经济发展需要，做出客观理性的决策。

（二）以"一带一路"倡议促进中日韩经济共赢

中国"一带一路"倡议和韩国"欧亚倡议"构想的对接与整合将为深化中韩长期合作带来新的机遇。"欧亚倡议"与"一带一路"倡议具有较强的互补性，如果中韩两国的这两大构想能够实现整合，其辐射区域可以覆盖整个欧亚大陆，由此会带来欧亚经济融合的广阔前景。

同时，鉴于日本经济界对"一带一路"倡议的积极态度，中韩可积极争取同日本经济界的合作。中国可邀请日本财经界领袖来华，宣传推介"一带一路"倡议可为日本企业制造商机以及提供合作平台等积极作用。从宏观层面，中国应抓住"一带一路"倡议与日本国内经济改革相关领域

的契合点，表达中国通过"一带一路"倡议推进中日经贸合作实现互惠共赢的诚意。

第四节 "一带一路"倡议下的中俄贸易发展

中国与俄罗斯具有较长的友好关系，贸易合作经历 20 多年的发展，但双方的贸易规模较小，合作和投资范围比较窄，低于两国的合作潜能。这不仅不符合两个大国身份，也没有体现出中俄两国长期往来的关系。中国政府提出"一带一路"倡议意味着中俄两国可以抓住该机会增强两国的合作伙伴关系，增加合作领域、共建自贸区以及巩固两国在国际平台的地位。

俄罗斯是中国最大的邻国，具有丰富的石油天然气资源。自 20 世纪 90 年代中俄建立外交关系后，两国的双边贸易取得了较快发展，特别是在能源贸易领域。中国以日常用品、小电机商品出口到俄罗斯的远东，满足了俄罗斯远东地区的商品需求。进入 21 世纪，在经济全球化的趋势下，中俄两国已经建立了战略协作伙伴关系，给两国的对外贸易提供了稳固的基础，到 2014 年中俄贸易交易总额已达历史最高的 952.8 亿美元。

2015 年，中俄贸易额大幅下降，仅为 642 亿美元，跌幅为 27.8%。俄罗斯副总理表示，俄中贸易额无法在 2020 年达到 2 000 亿美元。那么在"一带一路"倡议的背景下，中俄两国如何利用新的机遇来促进双方贸易以及实现 2020 年的目标成为学术界的重点话题。为了实现两国共同的目标，中俄需要从双方贸易的现状找出存在的问题以及影响中俄贸易发展的因素，从而制定有针对性的措施和战略。

基于"一带一路"倡议，中俄应该找出双方贸易的合作模式，通过贸易便利化、经济与技术援助、自由贸易区以及经济一体化来进一步推动中俄贸易的合作关系。鉴于当前中俄双边经贸合作实际情况，本节分析了影响中俄贸易的主要因素，系统化梳理中俄贸易发展现状与存在问题、发展机遇和对策，全面描述中俄贸易的现状和发展前景，并结合"一带一路"倡议相关内容重点分析两国未来重点合作的领域，探索中俄双方经贸合作的新思路，促使双边合作内容更贴近实际、合作框架更有针对性。

一、"一带一路"倡议下中俄贸易发展的机遇

中国是俄罗斯最大的邻国，两国都受到欧美国家的制衡。因此，在"一带一路"倡议下，两国要加强经贸合作，加强两国的友好关系。为有效应对国内危机，目前俄罗斯正在积极对西伯利亚和远东经济发展进行结构性调整以促进国内经济的增长。与此同时，中国初步实现了以经济结构调整为重点的新常态经济，对目前产能过剩的外贸行业进行了结构调整，促进了产能转移。在当前中俄经济转型的背景下，两国应抓住"一带一路"倡议提供的机遇，升级现有的合作项目，拓展新的合作领域，为中俄经贸提供良好的合作基础。

目前俄罗斯与中国的经贸合作水平还比较低，还有很大的提升空间。作为中国的重要邻国，俄罗斯和中国建立了"全面战略协作伙伴关系"，在外交、安全、科技等领域开展全面合作。在经济层面，中国和俄罗斯在产业结构和资源方面有很强的互补性。两国多年前形成了繁荣的边贸。近年来，双边经贸交流日趋频繁，贸易投资趋于稳定，两国应该进一步抓住"一带一路"倡议提供的机遇，继续发展中俄关系及经贸关系。

（一）中俄贸易的政策环境

从中俄贸易发展的历史来看，中俄政治关系对两国贸易发展影响很大。中俄都把两国关系作为对外关系的重中之重，政治互信不断加强。普京总统还表示，中国是俄罗斯的全面战略伙伴。在共同声明签署后，全面深化战略协作伙伴关系，两国在国际舞台上的协调与合作更加紧密。两国在联合国改革、建立国际新秩序、应对全球气候变化等全球性问题上有着相同或相似的立场。两国都主张联合国成员国应通过最全面的民主谈判，就改革问题达成共识，共同建立完整、平衡、互利共赢的多边贸易体系，支持《全面禁止核试验条约》尽快实施，反对和防止外空军备竞赛，坚持《联合国气候变化框架公约》《京都议定书》和"共同但有区别的责任"

原则，努力为共同应对全球气候变化做出应有的贡献。两国在伊朗核问题、朝核问题和阿富汗和平重建等地区问题上保持着相同或相似的立场。两国相互协调，共同支持联合国安理会对伊朗的新制裁，抓住机会在重要议题上阐述共识。双方在 G20、金砖四国、上合组织、中俄印三边会晤和 2010 年上海世博会等多边领域进行了密切合作并取得积极进展。

近年来，中俄战略伙伴关系显著改善，两国不断加强互信，提高两国合作质量和合作规模。2014 年，中俄宣布了"全面战略协作伙伴关系新阶段"，使中俄关系进入了新阶段。2014 年和 2015 年，中俄在石油和天然气、投资、基础设施建设、科技合作、经贸合作等领域签署了大量双边协议文件。这也证明中俄战略协作关系进入了更深入的发展阶段。与此同时，乌克兰危机和美欧制裁对中俄关系起到了促进和加速的作用，俄罗斯扩大和深化与中国经济合作的兴趣有所提高。

（二）中俄贸易的资源环境

俄罗斯具有丰富的自然资源，其能源储备占世界能源总量的 21%。中国是一个资源相对贫乏的国家，中国经济增长速度快但人口众多，人均资源占有量非常低，对资源的需求也很大。可见，中俄具有能源方面较强的互补性，需要在这方面加强合作。

中俄在能源资源合作领域潜力巨大。近年来，中俄在能源合作方面展示了不少亮点，一些重大计划取得突破且成果显著。深化能源合作不仅是两国面向未来的战略举措，也是两国关系的重要和基本要素，对国家利益具有重要意义。中俄应抓住机遇，建立新的合作框架，妥善处理好双方利益，创新合作模式，认真推动能源领域的全面合作，释放两国战略伙伴关系的巨大经济潜力，为深化两国关系和共同利益奠定坚实的基础。中俄能源合作也将对全球能源格局和趋势产生不可估量和深远的影响。

在中俄关系发展势头强劲的背景下，能源合作正在以其引人注目的成就为两国关系谱写新篇章。能源合作已成为推动中俄关系不断改善的重要标志和战略支撑。

中俄能源合作在规模和资金数量方面可以说是世界上最大的。2013

年，中国石油天然气集团公司和俄罗斯石油公司签署了为期25年的原油供应协议，根据协议，中国将向俄罗斯石油公司提供150亿美元的贷款。就俄罗斯而言，到2038年上半年前，应向中国供应3亿吨原油。2013年，中国石油化工集团公司与俄罗斯石油公司签署了预付款出口合同备忘录，其中规定，从2014年起俄罗斯石油公司每年向中石化供应原油1 000万吨，期限10年。2014年，俄罗斯天然气寡头Gazprom与中石油签署天然气供应协议，为期30年，总额约4 000亿美元。根据双方商定，自2018年起，俄罗斯将开始通过东线向中国供应天然气，供应量同比增长，最终每年达到380亿立方米，累计30年。

中俄能源合作涉及油气、电力、煤炭、核能和新能源等不同领域。在油气合作方面，合作模式已从简单的买卖转向生产合作和相互投资。该合作涉及勘探和开采、运输和炼油、销售和贸易。上游领域成功合作的案例包括俄罗斯石油公司向中石油出售Vankor油田项目10%的股权，中石油收购俄罗斯Novatek公司Yamal天然气项目20%的股权。由中国和俄罗斯共同出资的天津东方炼油厂成为俄罗斯进入中国石油和天然气工业下游的第一例。2011年，俄罗斯向中国出口电量达12.4亿千瓦时；到2012年，这一数字翻了一番，达到26.3亿千瓦时；到2014年，出口量达到33.75亿千瓦时。两国煤炭贸易量也大幅增加，2010年，俄罗斯向中国出口煤炭1 080万吨。由于中国的合作意愿以及中国对俄罗斯采矿和配套基础设施的投资，到2012年，这一数字几乎翻了一番，达到1 920万吨。核能领域的双边合作也在深入发展，田湾核电二期工程已经启动。2012年12月27日，田湾核电站3号机组浇注混凝土。同时，能源技术和设备的合作也在扩大。

可以说，中俄能源合作几乎涵盖了能源产业的所有方面。能源产业会对国民经济产生巨大的溢出效应，有望成为新时期两国可持续发展的强大动力。

（三）边境贸易规模巨大

中国和俄罗斯拥有4 300公里的边界。要充分发挥边境地区的主动性，协调振兴东北老工业基地和发展俄罗斯远东、西伯利亚等政策，进一步加强贸易投资便利化，完善合作机制，在边界地区搭建新的合作平台。

近年来，中俄边界地区的合作发展迅速。跨境联系在双边基础上得到推动，这使两个合作伙伴能够在传统层面采取联合举措和行动。2009 年，中俄两国政府签订了《中华人民共和国东北地区与俄罗斯联邦远东及东西伯利亚地区合作规划纲要（2009—2018）》，极大地推动了中俄区域合作的发展。

地方层面的合作蓬勃发展。中国和俄罗斯之间已经形成了近 70 对姐妹省/地区或城市。边境贸易在整个双边贸易中占有 20% 的稳定份额。共同边境地区加强了港口基础设施建设，为合作奠定了坚实的物质基础。两国也在积极探索新的合作方式，包括建立跨境加工等。边境地区的合作环境大大改善，文化、教育、科技、旅游等领域的交流日益密切，进一步推动了两国睦邻友好合作关系的发展。

中国和俄罗斯之间的贸易从边境贸易开始不断发展。到目前为止，中俄边境贸易已经具有一定的规模，在私营和商业交往中都占重要地位。据中国海关统计，2010 年中俄边境贸易额为 75.8 亿美元，比上年同期增长 40.5%，成为中国最大的边境贸易伙伴。中俄边境贸易不仅带动了边境地区的经济繁荣，也为两国经济合作的全面发展做出了重要贡献。这不仅是一种开放的方式，也是中俄经贸合作未来发展的方向之一。尽管制度和政策监管仍存在漏洞，但随着两国的经济发展，边境贸易将更加显示其优势，改善边境地区的市场经济，为双边关系打下坚实的基础，扩大经贸合作。

（四）中俄经济互补性分析

1. 资源互补

随着中俄关系的进一步改善和提高，中俄双边贸易迎来了历史上最好的时期。中俄在资源禀赋方面有着不同的比较优势和互补性，可以促进两国经贸关系的发展。首先，俄罗斯拥有丰富的自然资源。俄罗斯的石油、天然气、农场动物和海产品均居世界第一位，人均自然资源丰富，特别是矿产、土地和水等稀缺资源也有很大的储备。其次，中国的劳动力资源非常丰富，在劳动力资源方面具有明显的优势。因此，中俄要发挥自己的优势来促进两国贸易的发展。

2. 科学技术互补

俄罗斯拥有强大的科学技术，在航空航天、军事、冶金、石油化工等领域的技术领先于中国。俄罗斯的技术装备更先进，中国从俄罗斯进口或购买技术设备将会更容易、更经济。经过多年的引进、消化吸收及自主研发创新，中国轻工业发展迅速。在家用电器制造、通信设备制造、工程机械制造、采油冶炼、建材生产、食品加工等领域，技术水平和生产能力均处于先进水平，可以弥补俄罗斯民用产品技术和生产能力的不足，在俄罗斯市场上有很大的发展前景。此外，中国和俄罗斯在技术出口和科技合作方面都有很大的发展空间。因此，双方必须抓住机遇，加强高新技术和轻工业领域的合作与贸易，使其在科技领域优势互补，实现双赢。

二、中俄贸易发展现状

（一）中俄贸易规模现状

俄罗斯独立之后，中俄贸易进入了新的发展阶段。经过 25 年的发展，虽然中俄贸易发展有些波动，但总体上保持上升趋势。这里主要描述中俄贸易的总量。

2010—2018 年中俄贸易总额增长较快，从 2010 年的 570.3 亿美元增长到 2018 年的 1 082.8 亿美元，中国成为俄罗斯第二大贸易伙伴。由于俄罗斯集中发展重工业部门而缺少对轻工业的发展，导致不能满足国内对日用商品的需求，而中国集中发展轻工业，正好可以弥补俄罗斯国内市场的需求。同时，中国也大量从俄罗斯进口钢铁、石油、天然气等商品，中国政府实施很多优惠政策，推动了中俄贸易的发展，促进中俄贸易额的迅速增长。

从1994年开始，中俄贸易从货物兑换转为现汇贸易。同时，由于俄罗斯倡导进口多元化贸易政策、执行保护措施，导致中国对俄罗斯的出口商品减少并逐渐失去了优势，中俄贸易额大幅下降。2015年中俄贸易额下降到635.5亿美元，2015—2018年中俄贸易额呈现增长态势，2018年增长至1082.8亿美元。

受全球金融危机的影响，全球石油价格大幅下降，作为俄罗斯的主要出口商品之一，石油价格的大幅降低造成俄罗斯经济恶化，也影响到中俄的贸易活动，2012—2013年，中俄贸易额小幅下降，分别下降到240.5亿美元和166.4亿美元。但值得留意的是，虽然两国的贸易总体有所下降，但中俄边境贸易却在2014年迅速发展，同比增加125.4%，占中俄贸易总额的1/3。

由此可见，在中俄贸易合作的初始阶段，中俄贸易总额都在50亿~70亿美元范围。但2000年中俄贸易总额大幅增加，是中俄贸易发展的转折点，中俄贸易迅速增长并在2014年达到历史最高的950亿美元。2001年中俄颁布了《中俄睦邻友好合作条约》，中俄贸易合作步入了新的发展阶段。

2010—2018年，中俄贸易额大幅增加，年平均增长率达到34%。2018年，中俄贸易额达到历史最高，为560.8亿美元。

由于石油和天然气是俄罗斯的主要出口商品，因此在全球石油价格大幅下降的情况下，俄罗斯经济遭遇严重的危机，导致2009年中俄双边贸易额大幅下降，贸易总额降至387.97亿美元，下降幅度达到31.9%。

2010年在中俄两国大力支持边境贸易以及能源合作的努力下，中俄贸易额恢复到2008年的水平，贸易总额达554.5亿美元。接着中俄贸易总额保持迅速增长，2011年贸易额达到792.5亿美元，同比增长42.7%。尤其在2012年中俄贸易总额首次超过800亿美元，达881.6亿美元，同比增长11.2%。2013年贸易额增长到892亿美元。2014年中俄双边贸易额接近1000亿美元，贸易总额达到历史最高的952.8亿美元。可见，2010—2014年中俄贸易保持了良好的发展趋势。

2015 年俄罗斯又一次面临石油价格下降的危机，加上欧美国家的制裁，导致中俄贸易额大幅下降。2015 年，中俄贸易总额跌至 680.6 亿美元，同比下降 28.6%。2016 年，中俄贸易有所恢复，贸易总额小幅增长到 661.1 亿美元，同比增长 4.0%。其中，俄罗斯出口到中国的总额为 280.2 亿美元，同比下降 2.0%；俄罗斯从中国进口总额为 380.9 亿美元，同比增长 9.0%。中国仍是俄罗斯第二大出口市场以及第一大进口来源地。截至 2018 年，俄罗斯自中国进口总额达到了 522 亿美元。

（二）中俄商品贸易结构

本节选取了 2018 年中俄贸易商品结构进行描述，分析中俄贸易商品结构的演变。

1. 俄罗斯对中国出口的商品结构

如图 5-21 所示，2018 年中国主要从俄罗斯进口矿产品、木及制品、机电产品和动物产品，金额分别为 427.13 亿美元、35.56 亿美元、16.04 亿美元、15.15 亿美元，这四类产品占据了从俄罗斯进口额的 90% 左右。与 2017 年相比，2018 年俄罗斯对中国出口商品增长最快的是贱金属及制品，同比增长 108.9%，其次为植物产品，增幅为 66.6%。运输设备大幅下降 86.3%。总体来看，俄罗斯对中国出口的商品结构比较单一。

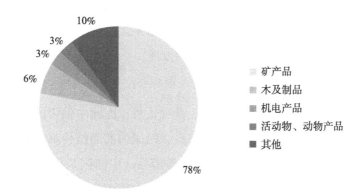

图 5-21　2018 年俄罗斯对中国出口的商品结构

资料来源：国别报告网，https：//countryreport. mofcom. gov. cn.

2. 俄罗斯从中国进口的商品结构

如图 5-22 所示，2018 年中国对俄罗斯出口主要产品中有机电产品，贱金属及制品，纺织品及原料，家具、玩具、杂项制品，这四类产品占据中国对俄罗斯出口的 72%。与上一年相比，2018 年中国对俄罗斯出口增长最快的是纤维素浆和纸张，同比增长 24.9%。

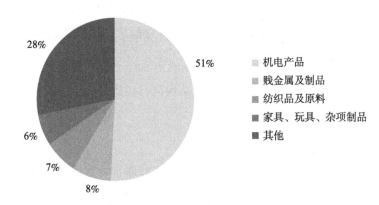

图 5-22　2018 年俄罗斯从中国进口的商品结构

资料来源：国别报告网，https://countryreport.mofcom.gov.cn.

三、中俄贸易现存的问题

随着中俄政治、经贸合作不断深入，中俄贸易额也随之增加，但目前两国的经贸合作还未能达到政治合作的高水平。关税壁垒、商品贸易结构不合理等将会阻碍中俄贸易合作的长期发展。

（一）双边贸易结构不合理

中国在轻工业、俄罗斯在重工业具有优势，因此中俄两国贸易结构具有很强的互补性。从贸易商品结构来看，两国的商品结构都比较单一，俄罗斯主要从中国进口轻工业产品及日常用品，中国则从俄罗斯进口原材料、石油、机电及化工产品。俄罗斯主要从中国进口技术含量低、产品附加值低、多为劳动密集型的产品。虽然中国不断提高科学技术以增加高附加值的出口产品，但中国的高技术含量产品的出口比例仍较低。俄罗斯有丰富的自然资源，主要向中国出口石油和自然资源产品。中俄贸易结构较单一，而这种单一的贸易结构在一定程度上制约了中俄贸易向更高层次发展。

（二）"一带一路"倡议与俄白哈关税同盟对接合作的问题

2015年1月1日，俄白哈关税同盟正式成立，推动成员国的商品、服务、资金和劳动力在同盟范围内自由流通，最终形成一个统一的大市场。这和中国"一带一路"倡议不同，可能会导致俄白哈关税同盟与"一带一路"倡议在对接的过程中面临不搭配的问题，从而产生系列阻碍。此外，以美国为首的西方力量作为欧亚地区博弈的主要对手，是影响两者对接的重要因素。

（三）俄罗斯宏观经济形势不明朗

俄罗斯经济在很大程度上取决于原油出口。2014年2月，由于美国页岩油产量大幅增长，原油价格开始下滑。原油价格每下跌1美元，俄罗斯经济就损失数十亿美元。石油价格从2014年6月的每桶100美元降至2014年12月的每桶60美元。同时，俄罗斯经济遭受"荷兰病"的困扰，"荷兰病"（the Dutch disease）是指一国特别是指中小国家经济的某一初级产品部门异常繁荣而导致其他部门衰落的现象。

由于俄罗斯对乌克兰的军事干预，美国联合欧盟对俄罗斯的经济制裁进一步深入，使俄罗斯的经济持续萎靡。2014年初，俄罗斯经济有衰退的风险，主要原因是油价下跌，制裁以及随后的资本外逃。尽管2014年GDP增长保持在0.6%，但2015年俄罗斯经济缩水3.7%。到2016年，俄罗斯经济复苏，GDP增长0.3%，并正式走出衰退阶段。2017年继续增长，涨幅1.5%。

在西方进行经济制裁的背景下，俄罗斯政府实施进口替代政策，主要体现在农业、机械制造和信息技术等行业。欧盟仍然是俄罗斯最重要的贸易伙伴，但由于政治关系紧张，过去几年贸易额增长停滞不前，与欧盟的贸易额从2014年的3 300亿欧元下降到2016年的2 280亿欧元，并有可能进一步下降。这意味着如果中国与俄罗斯的贸易额持续增长，中国可以在

2020 年前取代欧盟成为俄罗斯最重要的贸易伙伴。

（四）中俄贸易制度不规范

中国与俄罗斯之间的非标准贸易体系和不完善的贸易服务体系将影响中俄贸易的发展。不规范的中俄贸易体制主要是缺乏完善的双边贸易法律体系，当贸易遇到问题时，企业只能依靠政府和大使馆的力量来解决问题。以新疆为例，新疆通关能力和运输能力都不足，运输工具也不足，特别是在旺季或是遇到自然灾害，往往导致对外贸易公司不能长期航行。俄罗斯存在"灰色清关"等不规范行为，给双边贸易的持续快速发展也带来了负面影响。此外，两国贸易结算体系不完善、专业人才匮乏等因素也阻碍了双边贸易的发展。

（五）中俄贸易规模较小

中俄双边贸易的规模较小，与两国的实力和潜力完全不相符。相关数据显示，2016 年中俄贸易停止下滑，双边贸易额达到 695.3 亿美元。但是与中国和美国或日本和其他国家的贸易规模相比，中国和俄罗斯之间的贸易额仍然有很大的增长空间。数据显示，2015 年中国与日本的贸易总额达到 3 923 亿美元，与美国的贸易总额为 5 820 亿美元。可以看出，中俄之间的贸易规模太小。

（六）中俄贸易存在较高的壁垒

俄罗斯有严重的贸易壁垒和排外倾向，关税壁垒很高。同时，存在一些歧视性的贸易法规问题。由于历史原因，许多俄罗斯商人对中国商人有歧视，中国商人很难与之开展正常贸易。与两国政治交往相比，经济交流相对较弱，有些不公平。俄罗斯的对外贸易政策极不稳定，经常发生重大变化。对于像中国这样的主要出口国来说，肯定会产生重大影响。目前，虽然俄罗斯政府为调整和降低部分商品的关税做出了很大努力，但仍有许多做法不符合世贸组织规则，对中俄贸易产生了不利影响。因此，俄罗斯关税的下调和互惠贸易政策的安排，不仅能促进中俄贸易的发展，也是后危机时期深化中俄区域合作的必然要求。

四、"一带一路"倡议下促进中俄贸易发展的思考

随着中俄战略协作伙伴关系的加强，双边经贸合作的发展也进入了一个新时代，贸易量继续上升。中俄关系进入全面、加速、健康发展的新时期，各领域深入合作。中俄的积极合作建立在坚实的基础上，使两国在发展友好关系方面信心倍增。2014 年，中俄贸易额达历史最高的 952.8 亿美元，但 2015 年由于石油价格下跌，再加上欧美国家的制裁以及乌克兰危机，导致中俄贸易额大幅下降。从以上分析来看，规模较小、贸易商品结构较单一、法律体制不完善、关税壁垒等都将会影响中俄贸易的发展。因此，两国政府应积极抓住"一带一路"倡议带来的机遇，不断调整双方的贸易地位，大力推进两国经贸合作，巩固和改善两国经贸关系，从而促进中俄贸易发展。

（一）加强双方投资领域合作

中国和俄罗斯的投资合作还不是很强，尚未形成规模，并未反映双方投资潜力和需求。其中，中国在俄罗斯的投资项目很少，投资项目规模较小。俄罗斯政府应该向中国企业提供投资机会，以吸引更多的中国企业投资俄罗斯。另外，中国企业应该积极在俄罗斯寻求投资和合作机会。同时，还应该加强俄中边境企业对俄罗斯重大投资项目的关注，扩大投资规模。

（二）改善商品结构、扩大贸易规模

贸易结构在一定程度上会影响贸易规模，贸易结构得不到改善，会直接影响中俄贸易的水平和质量。因此，中国和俄罗斯需要优化调整现有的商品结构。一方面，中俄双方应该充分发挥自己的比较优势，实现优势互补；另一方面，中俄应该加大高科技产品在贸易中的比重，改变长期通过劳动密集型产品换资源的状况，实现双方贸易的可持续以及高水平发展。

（三）建立自由贸易区

区域经济一体化是当前经济发展的大势所趋，为了进一步深化中俄两

国间的贸易合作，中俄需要进一步加强双边贸易优势互补，积极参与建设中俄自由贸易区。由于中俄边境贸易占双边贸易比重较大，若两国加强合作，不仅可以调整和规范边贸，促进边贸发展，还可以提高经贸水平。中俄应利用地缘优势、经济优势和密切政治关系加强贸易。同时，两国应积极参照国际惯例，建立经济自由贸易区，实现货物的自由流通，资本、人才和货币的自由兑换，扩大贸易规模，加强双边贸易合作。

（四）完善双方的贸易管理体制

随着中俄贸易的不断发展，双方在贸易中涉及的法律关系日趋复杂，贸易摩擦及争端日趋增多，只有不断完善双方的贸易管理体制和法律制度，使双边贸易涉及的法律体制进一步规范化、制度化，并建立健全有效的监管机制，才能确保中俄贸易步入规范化、法制化的轨道，使中俄经贸关系健康、可持续发展。

（五）扩大两国经贸合作新领域

随着全球经济的发展，越来越多的新领域正在兴起。中俄之间需要积极探索两国经贸合作新领域，深化核能、航空航天、新材料、生物化学等高科技产业的合作。

中俄在田湾核电站的合作可追溯到 1997 年，10 年后该工厂开始定期进行商业运营。中国还与俄罗斯合作开发快中子反应堆。中国原子能管理局还与 Rosatom 公司签署了合作协议，为中国离岸岛屿建造浮式核电站。

除能源外，中国铁路公司和俄罗斯铁路公司还签署了"全面战略合作协议"及几项具体交易。中国计划向俄罗斯提供大笔贷款，用于在莫斯科和喀山之间建设高速铁路。此外，中国和俄罗斯已经签署了关于俄罗斯农产品进入中国的植物检疫法规议定书，允许进口在俄罗斯四个特定地区种植的小麦。

在民用航空科技等领域，两国将共同建设科技园区和科技成果产业化基地，加强科研与产业发展合作。

第六章

中国在"一带一路"沿线国家的直接投资研究

在相对复杂的社会环境下,国家想要实现健康且稳定的发展,就必须积极融入国际化大环境,并致力于同他国构建更加良好的国际社会关系,由此可见,充分利用好国内外两种市场以及资源显得尤为必要和重要。金融危机至今,全球经济整体发展的速度依然较为缓慢,很多国家对自身的发展格局进行调整和优化,也逐渐认识到只有相互合作才能更好地促进发展,而国际直接投资是国际经济合作非常重要的内容。本章以"一带一路"沿线国家作为主要研究对象,分别从整体以及具体国家这两个层面,对中国在"一带一路"沿线国家直接投资的影响因素展开分析,旨在为中国对外直接投资提供相关策略建议。

"一带一路"倡议坚持互利共赢的原则,兼顾各方利益,寻求利益契合点和合作最大公约数,体现各方智慧和创意,各施所长,各尽所能,尽量把各方优势和潜力发掘出来,使中国与沿线各国的经贸往来与投资合作日益加深,促进沿线各国经济发展。目前中国在沿线国家的主要投资项目有:

一、蒙内铁路

肯尼亚是中国"一带一路"倡议在非洲唯一的支点,是新丝路建设中获得中国资金援助最多的国家。2014 年 5 月李克强总理访问肯尼亚期间,中肯签署了关于蒙巴萨—内罗毕铁路相关合作协议,蒙内铁路是肯尼亚百年来建设的首条新铁路,是东非铁路网的咽喉,也是东非次区域互联互通的重大项目，规划全长 2 700 公里，预计总造价 250 亿美元。

二、中匈协议

2015 年 6 月 6 日，正在匈牙利进行正式访问的外交部部长王毅，在布达佩斯同匈牙利外交与对外经济部部长签署了《中华人民共和国政府和匈牙利政府关于共同推进丝绸之路经济带和 21 世纪海上丝绸之路建设的谅解备忘录》。这是中国同欧洲国家签署的第一个此类合作文件。

三、卫星通信

为保障在"一带一路"建设中通信卫星信号无障碍，国内的相关企业和政府机构已经对"一带一路"沿线的卫星发射进行了规划和研究，未来 3~5 年内，将发射多颗通信卫星。与此同时，"一带一路"建设途经国家的通信信号也将逐步实现全覆盖，从而在通信领域为"一带一路"建设铺平道路。

四、亚洲基础设施投资银行

截至 2015 年 4 月 15 日，亚投行意向创始成员国确定为 57 个，其中域内国家 37 个、域外国家 20 个。涵盖了除美日之外的主要西方国家，以及亚欧区域的大部分国家，成员遍及五大洲。其他国家和地区今后仍可以作为普通成员加入亚投行。4 月 28 日，为期两天的亚投行第四次谈判代表会议在北京闭幕，这是亚投行 57 个意向创始成员国名单最终确定后首次齐聚北京，代表们对多边临时秘书处起草的《亚投行章程（草案）》修订稿进行讨论并取得显著进展。各方商定将于 2015 年年中完成亚投行章程谈判并签署协议，年底前完成章程生效程序，正式成立亚投行。

五、卡拉奇—拉合尔高速公路

2015 年 12 月 22 日，中国建筑股份有限公司（以下简称公司）与巴基斯坦国家高速公路管理局正式签署巴基斯坦卡拉奇—拉合尔高速公路（苏库尔—木尔坦段）项目 EPC 总承包合同。卡拉奇—拉合尔高速公路项目为中巴经济走廊最大交通基础设施项目，全长约 1 152 公里，采用双向 6 车道设计，设计时速 120 公里/小时。公司本次签约承建的苏库尔—木尔坦段，为中巴经济走廊早期收获项目，全长 392 公里，建设工期 36 个月。合同金额 2 943 亿卢比，约折合人民币 184.6 亿元，约占公司 2014 年度经审计营业收入的 2.31%。公司推进"一带一路"建设项目取得重大实质性成果。

六、巴基斯坦卡洛特水电站

2016 年 1 月 10 日，在距离巴基斯坦首都伊斯兰堡 50 多公里处的吉拉姆河畔，三峡集团承建的卡洛特水电站主体工程开工，这是丝路基金首个对外投资项目。中国政府已承诺在 2030 年前向巴基斯坦投资至少 350 亿美元，为建造发电站提供融资。通用电气（GE）表示目前在巴基斯坦的订单金额已升至超过 10 亿美元，而五年前还不足 1 亿美元。

七、中巴经济走廊

2015 年 12 月 31 日，"中巴经济走廊——2016 中国产能合作友好访问团"新闻发布会暨大型纪录片《巴铁》启动仪式在巴基斯坦驻华大使馆举行。

八、中亚天然气管线项目

2009 年，该项目由中石油海外工程集团承建，GE 为该项目提供了四个压缩机站的 12 台压缩机和航改型燃机。除技术、资金支持外，GE 还调动沿线国家的本土团队，协助进行项目沟通，从中亚进口的天然气，通过中亚管道接入西气东输管道，覆盖国内 25 个省市和香港特别行政区，造福 5 亿多人。

九、印度尼西亚雅万高铁

2016 年 1 月 21 日，印度尼西亚雅万高铁开工奠基仪式举行，这将是印度尼西亚乃至东南亚地区的首条高铁。

十、德黑兰至马什哈德高铁

2016 年 2 月 6 日，德黑兰—马什哈德铁路电气化改造项目预计工期为 42 个月，随后还有 5 年的维护期。该项目将由伊朗基础设施工程集团 MAPNA 和中国中机公司及苏电集团承建。

十一、老挝铁路

2016 年 12 月 25 日，老挝北部琅勃拉邦，一支筑路队伍整装待发。老挝总理亲自挥铲破土，鸣锣九响，标志着中国—老挝铁路全线开工。根据规划，中老铁路将于 2021 年全线贯通，届时从中国边境到万象只需 4 小时，多山缺路的老挝将实现从"陆锁国"变为"陆联国"的梦想。

十二、孟加拉希拉甘杰电站二期

通过安排股权投资、项目贷款、出口信贷和提供融资咨询服务，西门子成功帮助 EPC 项目完成融资。以与中国机械进出口（集团）有限公司合作的孟加拉希拉甘杰电站二期 225MW 联合循环电厂项目为例，西门子通过协调 EPC 企业、业主和相关机构，帮助项目成功获得德国出口信用保险公司 EulerHermes 的担保，形成了中国出口信用保险公司和德国 EulerHermes 联合担保的结构，为项目最终获得由渣打银行牵头，包括西门子银行在内的商业银行团的贷款提供了关键的一环。该项目最终顺利落地，现已进入建设期。项目建成后将缓解孟加拉当地的用电紧张局面。

第一节 中国对"一带一路"沿线国家直接投资的影响因素

一、理论基础与相关研究进展

(一)理论基础

1. 市场寻求动机

在企业发展的过程中,规模和实力会不断增强,其市场份额和利润需求也会随之扩大,在国内市场日益饱和、竞争不断加剧的情况下,企业会考虑对国外市场的开拓,会采取代理、合资或独资等方式在海外设立工厂,以有效转移生产力,达到占领更多海外市场、取得更多利润的目的。在对东道国市场开拓的过程中,为了减少或避免贸易壁垒的影响,满足东道国对该产品的需求,企业通常会采取直接投资设立工厂的方式,这样既有利于产品成本的降低,还可以充分了解当地的风俗、宗教、习惯、人情等,从而提高产品的针对性,促进产品的销售,增加产品的销量,在满足市场需求的同时不断扩大海外市场份额。企业之所以进行海外市场的开拓,一是企业具备了较强的竞争实力,能够与国际产品标准接轨,甚至具备世界竞争力;二是国内同行竞争激烈化,压缩了产品的利润空间,只有将产品转移到海外,才能赚取更多的利润,实现生产规模和市场规模的扩大。

2. 资源寻求动机

在经济发展和社会生产的过程中,资源能源是一种基础性、保障性的物质资料,发挥着不可替代的作用。经济的发展会消费大量的能源及其他物质资料,并且会遇到技术、人才、政策等方面的问题和困难,特别是资源问题是一个难以根本解决的问题。如果国内出现资源短缺的情况,可以通过进口的方式缓解这种状况,使资源与生产达到平衡状态,促进经济社会的持续发展,但是,这种进口容易受到国际环境和国家之间利益的影响，稳定性和安全性难以得到保障，企业生产受到严重限制，甚至会出现价格受制于人、成本持续攀升、生产难以为继的情况。在资源丰富的东道国直接投资建设工厂则可以较好地解决资源短缺的问题，既可以便捷地获得当地的廉价资源，还能够为企业生产提供稳定、持久的动力，促进产品成本的下降，提高产品竞争力。

3. 战略资产寻求动机

企业的发展既需要雄厚的资金支持，更需要高素质人才和精准发展战略的支持，特别是一些前沿技术、研发专利、产品品牌、高端人才等，都是企业发展、竞争所必需的核心条件，是具有战略意义和价值的无形资产，具有转化为生产力的巨大潜能，并对企业发展具有战略导向的重大作用；同时，也具有回报时间久、投入资金大、风险性高的特点，所以，各个企业都对这些无形资产采取极为严密的防范措施，将其视为商业绝密信息，更不会将其转让给他国企业。企业通过在东道国直接投资设立工厂可以最大限度地获得稳定、持久的高端技术和人才，不断提高企业竞争力，促进资产回收，提高利润和收益，不断加快更新换代的步伐，从而促进发展的现代化和持续性。

（二）相关研究进展

1. 关于对外直接投资影响因素研究

邓宁（Dunning，1981）通过研究发现一个国家经济发展水平提高时其对外投资流量也会增加。安德烈夫（Andreoff，2002）通过分析转型期国家对外直接投资的影响因素发现一国经济发展情况和该国自身所拥有的市场规模能够对 OFDI 产生显著影响。杰森·刘易斯（Jason Lewis，2007）通过研究认为，企业的母国经济发展水平越高，其投资水平也会越高。托兰惕诺（Tolention，2010）论述了汇率水平、对外开放程度等因素都会影响中国对外投资的方式和水平。

周晔（2005）在实证分析后发现中国的 GDP 上升幅度和速度以及对外出口水平是影响中国投资流向的重要原因。邱立成、王凤丽（2008）则认为中国的对外直接投资额受到中国劳动力成本和当今社会存在的资源需求总量的影响。张为付（2008）认为随着母国进口的增加和人员流动性的提升，投资规模会下降。赵美英、李春顶（2009）认为出口水平和投资之间相互替代。张炜、李淑霞、张兴（2009）研究认为，本国人力成本的增加会提升企业成本从而一定程度上使得企业更愿意对外投资，而汇率也会影响投资。董莉军（2011）则认为投资很大程度上受到能源需求的影响。

王胜、田涛（2013）通过建立投资引力模型，分析发现随着中国对一国的出口增多，中国对该国的直接投资也会增加。王鹏飞（2014）的研究和王胜等的研究结果相似。周昕、牛蕊（2012）研究认为，投资和贸易是相互替代的。

2. 关于中国对"一带一路"沿线国家直接投资的研究

就已有研究来看，大部分研究是从理论角度对"一带一路"建设中的对外投资情况进行分析，例如对于投资风险的探讨和处理方式的优化，实证研究比较缺乏。张敏、王佳涛、陈志朋（2015）提出中国要抓住机遇，在"一带一路"倡议下积极与沿线各国进行合作，通过投资等手段完善合作基础，通过合作促进中国产业转型升级并实现产业转移推动沿线诸国的发展，从而提升中国的经济和政治影响力。周五七（2015）研究认为，中国对东南亚投资最多，并认为投资是实现"一带一路"倡议的重要手段，通过投资能够增强中国与诸国之间的紧密联系，形成命运共同体以更好地应对全球性挑战。杨飞虎、晏朝飞（2015）提出政府需要在法律、信息化系统等方面加大投入力度，以更好地促进中国企业的对外发展，并提出"一带一路"倡议使中国企业对外投资的深度广度有所延伸。

实证方面，孟庆强（2016）基于中国对沿线国家的投资数据分析，发现沿线国家的基础设施完善程度和政策、关税等情况对中国的投资会产生重要影响，中国企业更愿意投资那些基础设施完善、政策友好、关税较低的国家。倪沙、王永兴、景维民（2016）则利用引力模型结合实际数据分析了中国对沿线国家的投资规模受到自身经济发展情况、对方国家市场规模、产品认可情况等因素的影响，并分析了各国投资潜力，发现中国在沿线的投资分布不均衡。张亚斌（2016）建立了投资便利化综合评价体系，对沿线各国投资便利化情况进行了研究，发现各国的 GDP、劳动力相关情况会对中国直接投资产生重要影响，并且提出沿线国家如果能够努力改善其国内的投资环境，会在很大程度上吸引更多的投资。

3. 文献述评

西方诸国由于开展着较为丰富的对外投资业务，其在对外直接投资方面的研究已经较为成熟，这能够为中国相关研究的开展提供一定的借鉴，但是由于中国与西方国家存在着较多差异，对外投资活动不可能完全借鉴西方投资理论。首先，中国的研究普遍以接受中国投资的东道国作为主要的研究对象，缺乏对区域集团的研究。其次，中国现有研究更加关注经济因素对投资的影响，对一些具体的非经济因素的探讨有所不足。最后，在进行实证研究之时所选取的数据代表性较差，总量不够多，容易受到偶然性因素的影响，研究结果的准确性和说服力存在被削弱的风险。现有文献中对于"一带一路"沿线投资的实证研究较为缺乏。因此，本章基于对现有文献的借鉴，对沿线国家具体的投资环境进行分析以选择合适的变量展开实证研究，以期能够更好地为中国对"一带一路"沿线国家的投资提出有效的政策建议。

二、中国对"一带一路"沿线国家直接投资现状分析

随着改革开放的不断推进，中国逐渐成为国际市场的重要参与者。对外投资规模不断扩大，总量不断增加，极大地改变了美国"一家独大"的局面，表现出多元化、区域化的发展趋势。根据世界格局的变化和经济社会发展的需要，中国提出了"一带一路"倡议，使中国在对外投资和国际合作方面又迈上了一个新台阶，得到了更大的发展机遇和空间。本章将对中国 2010—2018 年通过"一带一路"建设投入的资金数据进行研究和分析，特别是对区域分布和投资总额进行详细、具体的研究，从而对当前中国在"一带一路"建设中的投资现状、特点及存在的问题、获得的成效、

取得的经验等进行总结，形成全面、科学的认知。

（一）中国对"一带一路"沿线国家直接投资概况

1. 总量概况

由图 6-1 可知，中国直接对外投资规模呈现不断上升的趋势，到 2018 年，中国直接投资总额达到 10 978.65 亿美元，其中对"一带一路"沿线国家投资了 1 156.79 亿美元，其总额比 2010 年增长了十多倍，足见中国对外投资增长之迅猛，整体上看，中国对"一带一路"沿线国家的投资呈现明显的增长态势。

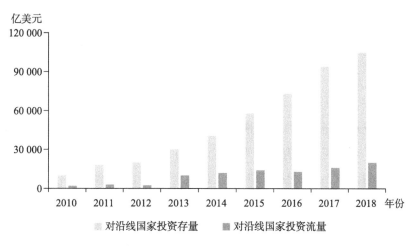

图 6-1 2010—2018 年中国对"一带一路"沿线国家直接投资存量与流量

在直接投资"一带一路"沿线国家的过程中，不仅实现了投资规模的不断扩大和发展，也实现了投资总规模所占比例的不断攀升。从表 6-1 中可以看出，自 2010 年开始，中国便加大了对"一带一路"沿线国家的直接投资，并且连续八年都明显高于或持平于中国的对外投资增长率，特别是在 2015 年之后，更是加大了对沿线国家的直接投资力度，在 2016 年和 2017 年分别实现 26.88% 和 28.39% 的增速增长。就直接投资增长的绝对量来看，2014 年大约增长了 120 亿美元，2015 年和 2016 年的增长额都在 150 亿美元以上，2017 年增长了 294 亿美元，呈现较强的增长态势。

表 6-1 2010—2018 年中国对"一带一路"沿线国家直接投资增长情况

年份	对沿线国家直接投资存量的绝对增量（万美元）	对沿线国家直接投资存量的增长率（%）	我国对外直接投资存量的增长率（%）
2010	440 810	84.77	57.16
2011	523 638	54.5	56.03
2012	522 378	35.19	33.58
2013	895 798	44.64	29.08
2014	1 220 789	42.06	33.91
2015	1 552 211	37.64	25.23
2016	1 525 771	26.88	24.16
2017	2 944 427	28.39	33.64
2018	990 006	10.71	24.38

资料来源：根据《2018 年度中国对外直接投资统计公报》整理。

2. 行业概况

东南亚地区拥有丰富的能源和矿产资源，而这些正是中国发展所需要的。此外，东南亚地区有着较为丰富的廉价劳动力，同时，充足的人口带来了广阔的市场，这些因素都对中国的投资产生了巨大的吸引力，中国企业不断进入当地。在这些国家进行设厂能够更好地利用当地的劳动力和资源，减少运输成本，同时能够减少关税等因素的阻碍，提高产品在当地的竞争力。对于当地而言，则有利于增加就业，引入较为先进的管理模式，有利于提升当地产业的生产力，促进当地产业升级。在"一带一路"倡议的推进过程中，中国与东南亚国家的联系日益紧密，东南亚国家成为中国的投资重点，其基础设施领域更是吸引了中国大量的资金投入，实现了中国与东南亚国家的共赢。

中亚地区和俄罗斯拥有丰富的能源，能够为中国经济的发展提供充足的能源。在长期发展过程中，中国与俄罗斯及中亚五国建立了良好的贸易关系，在能源领域展开了许多合作，双方也实现了共赢和互信。随着"一带一路"倡议的实施，中国和俄罗斯及中亚五国之间的合作将越发紧密，这将为中国提供充足可靠的能源，保障中国经济的稳定发展。同时，蒙古国作为中国的近邻，拥有丰富的畜牧资源，能够为中国提供丰富充足的畜牧产品。

此外，中国与西亚、中东等地也存在许多合作，合作领域多集中于油气资源。随着"一带一路"建设的发展，中国对于这些地区的投资也在不断增加，一方面，可以更好地利用其能源；另一方面，着眼于这些国家的国内市场，这些国家人口众多，对中国商品有着较大的需求，能够为中国企业提供良好的发展契机。在南亚地区，中国企业集中于电子设备和基础设施领域。例如，印度电信行业中许多投资都来自中国，其国内手机大部分是中国制造的，且其国内信息发展的基础设施也多有中国身影，两国在高铁等基础设施的建设中也有合作。随着"一带一路"建设的推进，中国与中东欧地区的合作也逐渐深入，在制造业、化工业领域，中国对其投资逐渐增加。

（二）中国对"一带一路"沿线国家直接投资的主要特点

1. 投资总量可观，占比偏低

"一带一路"建设共覆盖亚欧 60 余个国家，具有巨大的市场空间和巨大的发展潜能。特别是最近几年，中国对沿线国家的投资总额不断增长，投资流量持续攀升，无论是绝对投资额还是相比投资总额的增长率都体现出较强的增长趋势。因此，中国对沿线国家的直接投资呈现良好的发展和增长势头，但是，投资总量与沿线国家的投资总额相比，一直在 10% 上下徘徊，所以，需要进一步加大对沿线国家的直接投资力度。

2. 投资区域不均衡，边远国家投资少

从区域投资来看，东南亚地区是中国对外直接投资的主要区域，然后是俄罗斯和蒙古国，也就是说，中国主要投资于邻近的国家和地区，而距离较远的中东、西亚和东欧等地区，则投资很少，"一带一路"倡议的整体性、协同性功能得不到充分发挥。基于这种现实，中国应加强同这些边远国家和地区的合作，不断加大项目合作和投资建设力度，不断扩大合作范围，以使区域合作呈现强劲的发展势头，促进多边合作和经济的协同发展。

3. 投资领域相对单一，产业合作层次偏低

就中国投资的产业来看，主要体现在对能源的开发和利用，特别是各种自然资源和劳动力的获取方面。也有投资于金融业、制造业、农业等，但是合作较为肤浅，发展动力不足，这体现出中国对外投资的低端和单一。在今后的投资中，需要不断加强与高端产业的合作与对接，并不断拓展投资领域，充分利用东道国的天然优势和自身需求，开展深度化、科技型、持久化的合作，促进国内产业的提质增效。

三、中国对"一带一路"沿线国家直接投资影响因素实证分析

（一）影响因素理论分析

1. 东道国市场规模

企业的对外投资是为了实现企业的发展，是否对一国进行投资的重要参考便是该国是否有一定的消费市场，相关研究也指出市场规模对投资有着重要影响，市场规模越大能够吸引的投资越多。大部分学者使用 GDP 作为衡量国家市场规模的指标。"一带一路"建设把整个欧亚大陆都规划了进去，沿途关系到 60 多个国家，有 40 多亿人口能够受到该规划的影响，"一带一路"沿线国家包括了全球近 30% 的 GDP，不仅有着较大的市场规模，而且这些发展中国家经济发展潜力不可低估。"一带一路"沿线国家大多处于快速发展的阶段，随着其经济的发展其国内市场将进一步繁荣，这对中国的对外投资来说，无疑是前所未有的机会，所以，"一带一路"沿线国家的整体市场状况，对中国发展对外直接投资是极为有利的。

2. 东道国劳动力成本

随着国家整体经济水平的提高，国民收入也会不断提升，当地的劳动力成本势必上升，为此，企业将减少投资，将企业转移到劳动力成本更为低廉的国家，以保持自己产品在市场上的竞争力。通常认为，一个国家如果劳动力处于较低水平，则该国就能吸引到更多的外资。目前，中国正处于步入新常态的关键阶段，"人口红利"开始逐渐减退，借助"一带一路"

倡议，中国企业可以选择在东南亚等劳动力成本不高的国家投资建厂，更好地使用当地的廉价劳动力以促进企业的发展。

3. 东道国资源禀赋

任何一个国家的经济发展都会受到诸多因素的影响，而缺乏足够的能源支撑是常见的制约因素。如果企业投资在资源丰富的地区，那么自身生产在资源方面就会有更好的保障，此外，投资也是优化资源配置的重要手段。Buckley（2010）对 1984—2001 年中国对外投资数据进行了研究，表明中国的对外投资规模受到东道国资源禀赋的重要影响。

4. 中国对东道国出口水平

改革开放 40 余年来，中国与"一带一路"沿线国家大力发展贸易关系，并在这些国家的市场中占据了一定的比重，不仅通过贸易发展了友好关系，而且取得了一定的市场经验。随着"一带一路"倡议的提出，更多企业开始谋划在境外的组合与布局，期望把"一带一路"沿线国家的经济潜力充分挖掘出来，把东道国的资源充分利用起来，实现市场战略的本土化，保证中国经济在海外市场竞争中处于优势地位。与此同时，在贸易保护主义再次盛行的背景下，直接投资可以破除关税壁垒的阻碍，大大降低贸易风险，确保企业获得更多的利润。

5. 东道国基础设施水平

一般而言，良好的基础设施和便利的服务对于吸引外资是非常有利的，外国资本对各个方面的服务设施要求较高，企业资本在设施完备的环境中才能得到更好的运营，从而获得更高的利润。从"一带一路"沿线国家实际情况来看，这些国家经济发展较晚，整体的发展速度迟缓，其国内各项基础设施也有待完善，这为中国基建企业提供了发展空间。中国的企业要想进入这些国家的基础设施领域，有赖于政府的引导，而成立亚洲基础设施投资银行，也是为了加强对"一带一路"沿线国家基础设施的投资。

6. 东道国科技创新能力

企业进入东道国市场重要的方式就是直接投资，或者设立公司，也可以借助持股参与经营，获取东道国的专利以及最前沿的技术，是破除贸易壁垒的有效手段，并有助于经济全球化的发展。Kuemmerle（1999）通过分析 32 个大型企业的经验，指出投资流向会受到东道国科技创新能力的重要影响。蒋冠宏、蒋殿春（2015）借助实证分析发现，中国企业是在自身战略资产寻求动机的影响下，才开始进行海外投资的，中国资本流向明显受到了东道国科技发展的影响。虽然"一带一路"沿线国家的科技水平相对较低，中国的投资流向并不能受到其科技创新能力太大的影响，但两者间仍然呈正相关关系。

7. 东道国政治环境

政治和经济相辅相成、互相融合，如果东道国经济发展平稳，政治管理水平较高，外资一般都会选择进入该国家。一般来说，东道国的政治清廉指数越高，外资进入的积极性就会越高，因为良好的政治生态能够给企业经营提供安全的外部环境，企业投资的风险就会大幅降低。王娟、方梁静（2015）在衡量一国政治环境时，使用了"政治稳定性"这一概念，研究表明，中国企业更乐于向政治层面友好的国家和地区投资。"一带一路"建设涉及的国家超过 60 个，各国政治千差万别，因此政治稳定的国家成为中国企业对外投资的首选。

（二）研究假设

假设 1：中国对外投资与"一带一路"沿线国家市场规模呈现正相关关系。

假设 2：中国对外投资与"一带一路"沿线国家市场规模呈现负相关关系。

假设 3：中国对外投资与"一带一路"沿线国家资源禀赋呈现正相关关系。

假设 4：中国对外投资与"一带一路"沿线国家出口呈现正相关关系。

假设 5：中国对外投资与"一带一路"沿线国家基础设施水平呈现负相关关系。

假设6：中国对外投资与"一带一路"沿线国家科技创新能力呈现正相关关系。

假设7：中国对外投资与"一带一路"沿线国家政治环境呈现正相关关系。

（三）模型设计

1. 资料来源及变量设定

通过文献的归纳和分析，我们可以发现，针对"一带一路"沿线国家情况，选取中国与这些国家之间 OFDI 的存量为被解释变量，选取 GDP 来量化它们的经济规模，选取 GNP 来量化劳动力成本，选取这些国家的原材料出口比重 RES 来量化资源禀赋，选取中国对其出口额 EXPO 来量化出口水平，选取基础设施质量 INFR 来量化它们的基础设施水平，选取高技术产品出口比重 TECH 来量化它们的科技创新能力，选取政府管理质量指标POLI 来量化其政治稳定性，在解释变量设置清楚的前提下，构建出模型，并对中国在这些国家的直接投资进行分析。具体如表6-2所示。

表6-2 变量说明

变量	衡量指标	资料来源	预期效应
中国对"一带一路"国家 OFDI 存量	中国历年末对各样本国家 OFDI 存量	2018 年中国对外直接投资统计公报	
东道国市场规模	东道国国内生产总值 GDP	世界银行数据库	正相关
东道国劳动力成本	东道国人均国民收入 GNP	世界银行数据库	负相关
东道国资源禀赋	东道国燃料、金属、矿石占商品出口比重 RES	世界银行数据库	正相关
中国对东道国出口水平	中国对东道国商品出口额 EXPO	中国统计局网站	正相关
东道国基础设施水平	东道国港口基础设施质量 INFR	世界银行数据库	负相关
东道国科技创新能力	东道国港口技术出口占出口比重 TECH	世界银行数据库	正相关
东道国政治环境	东道国治理质量 POLI	全球治理指标数据库	正相关

2. 模型设计

本章构建了投资引力数学模型,设置了变量,通过把历史数据引入模型进行计算,实证分析了中国对"一带一路"沿线国家投资的诸多因素。在传统的引力模型中,东道国地理因素和经济总量是影响投资的重要因素,其实,影响外资流向的因素绝不仅仅是这两个,所以,本章以基本引力模型为前提,对引力模型进行拓展和完善,对中国受"一带一路"沿线国家 OFDI 的影响进行了全面分析,并构建以下模型:

$$LnOFDI_{it} = \beta_0 + \beta_1 LnGDP_{it} + \beta_2 LnGNP_{it} + \beta_3 RES_{it} + \beta_4 EXPO_{it} + \beta_5 INFR_{it} + \beta_6 TECH_{it} + \beta_7 POLI_{it} + \mu_{it}$$

其中,i 表示东道国,t 表示年份,μ_{it} 为随机变量。

在以上模型中,因为变量的数值变化较大,异方差会对模型计算结果造成不利影响,所以,采用同取对数的计算方式,误差就会尽可能地被降低。需要特别指出的是,在本章提供的模型中,出口额选取了数据相对滞后一期的数值,因为在实际中,企业往往选取前一年出口水平来指导本年的投资决策。

(四)实证结果

1. 全样本实证结果

由基本引力模型的对数形式逐一添加解释变量进行模型拟合,拟合结果如表 6-3 所示。

表 6-3　全样本回归结果

因变量	(1)	(2)	(3)	(4)	(5)	(6)
LnGDP	1.678 *** (0.239)	1.875 *** (0.123)	1.682 *** (0.218)	1.346 *** (0.283)	1.552 *** (0.234)	1.324 *** (0.120)
LnGNP	−1.945 *** (0.191)	−1.536 *** (0.027)	−1.267 *** (0.021)	−1.562 *** (0.019)	−1.725 *** (0.028)	−1.663 *** (0.021)
RES		0.321 *** (0.029)	0.228 ** (0.031)	0.198 *** (0.009)	0.127 *** (0.026)	0.172 *** (0.001)
EXPO			0.112 ** (0.007)	0.138 *** (0.005)	0.167 *** (0.011)	0.991 *** (0.003)

续表

因变量	(1)	(2)	(3)	(4)	(5)	(6)
INFR				1.092*** (0.004)	1.003*** (0.003)	1.204*** (0.111)
TECH					1.125*** (0.198)	1.032*** (0.283)
POLI						1.251** (0.028)
C	15.456** (0.021)	18.341*** (0.013)	12.678*** (0.011)	12.345*** (0.021)	10.937** (0.031)	11.082*** (0.090)
R^2	0.762	0.787	0.841	0.825	0.726	0.635

注：***、**、*分别表示在1%、5%和10%的显著水平上显著；括号中为标准差。

如表6-3所示，逐一回归的R^2接近1，模型同一解释变量系数变化不大，并且各变量的回归系数与假设相符，影响程度大小有所区别。说明模型选择变量符合现实，比较符合中国对"一带一路"沿线国家投资的现实。

由表6-3我们可以看到，全样本人均国民收入回归系数为负。这是因为沿线国家存在着部分发达国家，其自身经济发展情况较好，人均收入也要高于中国，使得中国在当地进行投资需要付出更高的代价，从而造成全样本回归GNP变量系数为负。

2. 分样本实证结果

按照对样本国家的分类，把数据注入引力模型中，借助Eviews计量软件，逐步进行回归，对不同区域变量做出最优解释，以找到中国对这些国家直接投资的动机。表6-4逐一罗列了六个区域的回归结果。

表6-4 按分组国别回归结果分析

因变量	蒙俄地区	中东欧地区	西亚和中东地区	中亚地区	东南亚地区	南亚地区
LnGDP	0.508***	0.307***	0.223***	0.182***	0.421***	0.508***
LnGNP	1.945***	0.093***	-0.404***	-0.571***	-0.301***	-0.421***
RES	0.155***	0.321***	0.447**	0.514***	0.137***	0.155***

因变量	蒙俄地区	中东欧地区	西亚和中东地区	中亚地区	东南亚地区	南亚地区
EXPO	1.279***	0.528***	0.874**	0.783***	1.174***	1.279***
INFR	0.098***	-0.389***	0.263**	0.150***	-0.672***	0.098***
TECH	0.023***	0.192***	0.134**	0.348***	1.125***	0.216***
POLI	0.082***	0.024***	0.748**	0.235***	-0.194***	0.923**
C	0.098**	12.321***	2.355***	1.232***	1.789**	1.373***
R^2	0.762	0.639	0.672	0.723	0.821	0.593

注：＊＊＊、＊＊分别表示在1％、5％的显著水平上显著。

3. 对蒙俄地区实证分析

由表6-4可知，劳动力成本、经济发展水平以及中国出口水平对中国在蒙古国和俄罗斯的直接投资有着重要影响。其中，LnGDP与LnOFDI之间呈现正相关关系，这说明中国对蒙古国和俄罗斯的投资更加重视市场因素，因为足够的市场才能够消纳企业产品，为企业创造利润，而两国对中国产品的认可度上升，进一步提升了对中国企业产品的需求，逐渐增大的市场拉动着中国前往该地投资。此外，中国对蒙古国和俄罗斯的投资和贸易额呈现互补效应，俄罗斯和蒙古国都是中国北部邻国，因其国内产业结构原因对中国部分产品有较大的需求，如电子设备、轻工业产品等，中国企业前往该国投资设厂能够更好地利用两国较为廉价的劳动力，同时可以更好地获得所需的资源和能源，从而降低企业运营成本，实现企业和当地民众及政府的共赢。在回归分析中，我们可以看到两国的人均国民收入和直接投资规模之间的关系与我们的假设存在差异，这可能是因为虽然两国民众收入增加使得在当地设厂经营所需要付出的员工工资等成本增加，但是相对于中国国内员工的工资而言还是有差距的，雇用当地民众依然能够为企业带来更多的利润，所以企业依然增加了对当地的投资。

4. 对中东欧地区实证分析

由表6-4可知，LnGDP、RES、EXPO、TECH与LnOFDI存在着明显的正相关关系，INFR与LnOFDI则存在负相关关系，随着基础设施的完善，中国在对应区域的直接投资会向外流出。此外，该地区接受中国出口的数量和其基础设施完善程度也是中国是否对其进行直接投资的关键考虑因素。中东欧国家与中国在过去的交易较少，为了扩大中国对中东欧国家的出口以及以中东欧国家为突破口扩大中国企业在欧洲市场的影响力，中国企业一方面加大对中东欧国家的直接投资，帮助这些国家劳动力就业，提升中国资本对这些国家经济的影响；另一方面则通过相互合作扩大进出口贸易来促进双方经济共赢。同时，INFR 与 LnOFDI 的负相关关系也进一步表明中国目前集中于中东欧沿线国家基础设施的建设。相比其他"一带一路"沿线国家，中东欧国家经济水平和科技水平较为发达，因而 TECH 与 LnOFDI 呈现显著的正相关关系，这表明中国对中东欧国家进行投资的原因之一便是希望通过投资和合作学习并引进这些国家的先进技术和经验以推动中国相关产业的发展。

5. 对西亚和中东地区实证分析

由表 6-4 可知，中国对西亚和中东地区的直接投资受东道国资源禀赋的影响显著，一国所拥有的资源越丰富，中国对其投资兴趣越大，直接投资额也会上升。虽然中国拥有较为丰富的能源，但是近年来随着经济的发展许多能源被大量消耗，此外，中国能源多以煤炭为主，考虑到其对环境的影响，煤炭能源的消耗也受到限制，因此能否获得清洁的充足能源是影响中国经济发展的重要因素，而西亚和中东地区的油气资源储藏丰富且相对煤炭而言更为环保，正是中国经济发展所需要的。中国长期以来都大量进口能源以弥补国内不足，但是由于各种因素的影响，国际能源价格容易受到冲击，中国能源市场也因此发生动荡。为此，中国这些年来直接到能源产出国进行投资，参与资源的勘探和开采，一定程度上增强了中国在国际能源市场上的影响力和话语权，有利于保障国内能源的稳定供给。LnGNP、EXPO、POLI 与 LnOFDI 分别表现出显著的负相关和正相关关系，这些地区较为低廉的劳动力也是吸引中国投资的因素，同时，地区的政治环境稳定与否对企业在该地区的投资也有着重要影响，因为一旦政治环境混乱，企业的利益无法得到保障，就自然不会增加投资。

6. 对中亚地区实证分析

中亚地区有着充足的石油、天然气,且为中国邻国,长期以来与中国保持了较好的政治关系,因此中国将从中亚五国获取石油和天然气等作为能源的重要来源。表6-4显示,在各种会影响中国与中亚地区直接投资活动的因素中,资源禀赋状况、国内劳动力成本、科技创新水平、政治环境对其出口量的影响是最为显著的。特别需要指出的是,贸易活动与投资的互补效应十分明显。通过以上分析可以得出结论,中亚区域能源储备丰富对中国的投资具有相当大的刺激作用。与此同时,中亚地区各个国家劳动力的成本逐步降低,对吸引中国资本进入非常有利。国内的人均收入每降低1%,外国直接投资存量就增加0.571%。此外,中亚区域各个国家的政治环境和政府治理水平将影响中国在东道国盈利的能力以及投资的回报,这也成为中国企业是否进行投资的决定因素。

7. 对东南亚地区实证分析

中国对"一带一路"沿线国家的投资重点集中在东南亚各个国家,占总量的七成多,占据绝对领先地位,这与东南亚国家的地理位置有很大关系。由于东南亚各国最接近中国,与中国在政治、外交、经济方面关系比较密切,对进一步深入投资、推进合作十分有利。由表6-4不难看到,东南亚一些国家的经济发展情况、资源储备状况和贸易规模与中国在该地区的投资之间存在明显的正相关关系。与此同时,伴随人均薪资水准的提高,中国企业在东南亚投资意向有所降低,基础设施相对落后对中国企业到这些地区进一步投资相当有吸引力。中国早些时候与东南亚一些国家建立了各种经济合作伙伴关系,出口贸易发展相对比较稳定、成熟。首先,作为贸易出口的补充,直接进行投资可以使企业通过本地化生产得到改善,与该地区特色相结合,使东道国的市场需求得到很大的满足。其次,可以帮助企业降低贸易出口,减少贸易产生的摩擦,避免东道国设置的障碍,从而降低成本。再次,企业可利用东南亚国家富饶的资源,聘用该地区的劳动力,实现本地化的生产模式,提升产品在国际市场上的竞争能力。最后，中国对东南亚相关国家的直接投资也呈现流入基础设施建设领域的趋势。INFR 与 LnOFDI 在 0.05 的置信水平下显示出明显的负相关关系。

8. 对南亚地区实证分析

依据表 6-4 的结果可以看出，南亚地区其他国家的经济发展、资源储备与资源开采、出口规模都是中国企业在此区域投资的重要原因。这三个解释变量对于 LnOFDI 具有强烈而明显的解释效果。回归方程的 F 值是 81.911，方程的拟合优度为 0.644，回归效应是理想的。从各种影响的要素来看，南亚庞大的人口规模和潜在消费需求正在推动中国资本进入。与此同时，中国与南亚其他国家出口规模的扩大也使中国企业增强了对这些国家的投资意愿。近年来，以印度为主的南亚各国经济发展非常迅速，人均收入不断增加，经济转型在加速，国内的需求也相当强劲，发展多样化，极大地促进了南亚国内商品和服务的出口扩张。投资被当作拓展海外市场的手段，也相应推动了贸易企业以及以出口为导向的行业发展。随着 LnGDP 每增加 1%，中国在南亚国家的直接投资存量将上升 0.508%，而 EXPO 每增加 1%，中国的对外直接投资将产生出 1.279% 的上行能力，影响非常明显。

（五）实证结论

1. 全样本检验结论

通过对整个样本解析证明，中国对"一带一路"沿线国家的投资主要受东道国 GDP、工资水平、资源储备和中国出口水平的影响。根据回归结果，"一带一路"沿线国家本身的经济水平越高，越能够吸引中国的投资。经济状况是驱动资本流动、高效配置的重要因素。"一带一路"沿线国家本身的 GDP 水平越高，国内资本、劳动、技术利用效率越高时中国企业将越愿意前往当地投资设厂，并借此学习当地先进经验。

2. 分样本检验结论

从子样本分析的结果可以看出，中国对蒙古国和俄罗斯的投资主要受这些国家国内市场规模和中国对其出口水平的影响；对中东欧的投资则明显受技术和当地基础设施建设水平的影响；对中西亚地区的投资则更多的是出于获取更多资源的考虑；对东南亚地区的投资则受到市场规模、科技创新水平的诸多因素的共同影响；对南亚的投资则主要受其国内市场规模和劳动力成本影响。基于实证分析得到的引力方程，我们计算了中国在"一带一路"沿线国家的投资潜力。从地区来看，中国对蒙古国和俄罗斯的投资相对温和，仍有进一步投资的空间，可以适度加大对这两国的投资；对中东欧的投资则过度，应当在一定程度上减少；对中西亚等地投资较少，需要进一步提升；对东南亚的投资可以进一步扩大到适度规模；对南亚的投资规模相对稳定、温和，可以在维持现有投资布局的基础上逐步扩大投资范围。

四、主要结论及政策建议

（一）主要结论

本章构建扩展投资引力模型，对中国"一带一路"建设中投资的影响因素进行解析。中国对每个国家的投资存量都是因变量；东道国的国内生产总值、人均国民收入、商品出口中燃料和金属矿石的比例、港口基础装备的质量、高科技出口的比例、政治治理的质量以及中国对东道国的出口量是解释变量。最终我们得出如下结论：

中国对"一带一路"沿线国家的投资情况受到东道国市场规模、东道国的劳动力成本、东道国资源禀赋、中国对东道国出口水平、东道国基础设施水平、东道国科技创新能力、东道国政治环境等因素影响，因此中国在进行"一带一路"建设投资中要综合考虑多个因素，做好战略规划和投资布局，这样才能在"一带一路"建设中双赢。

"一带一路"建设投资影响因素存在着很大的区域差异。因此中国在进行"一带一路"建设布局中要充分考虑到地域的差异，政府必须要采取相应对策，逐步完善服务体系、运用差异化战略并找寻适应不同地区的投资模式，引导企业优化投资布局。这样既可以让"一带一路"沿线国家因此获得巨大发展机遇，也利于国家之间共赢局面的形成。

（二）相关政策建议

1. 政府职能部门应该对金融服务体系进行改善，帮助中国企业走出国门

亚洲基础设施投资银行（AIIB）的成立为促进"一带一路"建设提供了足够的财政上的支撑。在改善和提升沿线国家基础设施水平，进一步促进国家间合作方面发挥了非常重要的作用。但亚投行是一个政府和国际性的金融机构，对其资金的使用有非常严苛的限定，对于希望在沿线国家进行投资的中国企业来说，似乎不可能获得及时和足够的财政方面的支撑。中国政府职能部门应不断对企业的融资路径进行完善，建立及时、高效、完备的金融服务系统，使中国企业摆脱出国后需要面对的财务问题。

2. 构建高效方便的信息平台，为企业投资提供充分信息

"一带一路"建设的政治经济形势非常复杂并且变数很多，国内的大多数企业在信息来源方面比较缺乏。它们对东道国总体的投资环境没有充分的了解，而且信息不对称现象比较严重。这种现象导致中国企业对沿线国家的投资存在盲目性、不确定性，这可能会导致投资判断不够精准，更容易招致收回投资困难的严重后果。正是因为存在这种顾虑，也限制了中国企业入驻"一带一路"沿线国家。政府职能部门可通过建立以"一带一路"政治形势及经济形势为专题的网站，给有意向境外投资的企业提供信息方面的参考。与此同时，也可提供一个窗口，把企业的投资意向发布出去，方便找到投资意向伙伴，更好地开展合作。

3. 制定差异化投资战略，实现优势互补

在投资时需要针对不同的国家进行深入分析，了解这些国家的优势和劣势，结合国内发展情况进行综合考虑，充分利用其优势资源。沿线国家的经济发展和资源禀赋不同，中亚与中东区域能源资源非常丰富，东南亚国家的劳动力成本相对比较低，市场非常广阔。鉴于国内的生产资源相对缺少，环境逐渐恶化以及产业转型升级的迫切需求，中国可依据当下国内经济发展的实际需求与沿线国家的特征来制定差异化投资战略，并对沿线国家采取适当的投资模式。

4. 利用好优惠政策，提升投资质量，使投资实现持续性的发展

当今，中国对东南亚各个国家的投资在中国"一带一路"建设总投资中已经占了很大的比例，投资规模相对比较稳定。但中国企业进入东南亚的根本目标是寻求新的市场以及利用廉价的劳动力，以降低成本，劳动力与资源基本状况，对于中国企业是否进入该区域起到了决定性作用。伴随东南亚各国生产成本的增加，中国企业的生产难以维持，将导致中国企业大规模的投资撤出。这种不可持续的投资方式对"一带一路"倡议的长期发展非常不利。政府职能部门可利用优惠贷款、降低跨境资本的周转费等方式来鼓励企业在东南亚国家寻求更高水平的投资。比如，伴随中国出境旅游人数的增加，可以在旅游业进行投资，还有金融服务业、本地的农产品、经济作物等，利用多元化投资来提升投资的稳定性、可持续性。同时，加大对西亚、中东欧、南亚等一些国家的投入，使"一带一路"倡议辐射的半径逐渐增大。

5. 加强同沿线国家交流合作，降低投资政治风险

中国要与沿线国家建立良好的沟通渠道，为投资和其他经济活动创造稳固的环境。一个企业是否进行国外投资取决于政治和文化风险的大小，它们将扩展到经济范畴，因为政治和文化带来的负面效应将增加企业在东道国的运营成本并降低投资回报。在欧亚大陆，"一带一路"沿途有60多个国家，这些国家在政治治理能力、习俗和文化的认同及宗教信仰方面存在很大差异。中国政府职能部门可以通过与沿线国家建立政治外交和信任关系，努力使中国企业在东道国享受同样的政治待遇。与此同时，要主动与沿线国家展开文化沟通，利用"文化交流年"活动，促进相互了解，为中国企业进行投资提供条件，规避由于文化差异引起的冲突，避免造成投资损失。

第二节 "一带一路"倡议下中国对印度直接投资的 影响因素分析

"一带一路"倡议加快了中国对沿线国家的投资进程。印度作为经济高速发展的人口大国，是"一带一路"建设中的一个重要节点，随着印度市场规模的迅速扩大，给包括中国在内的外来投资者带来了大量的机会。数据显示，印度已经成为中国对主要经济体投资增速最快的国家。2014年以前，中国对印度直接投资仅为24亿美元左右，2016年，该投资额已高达10.63亿美元，是2015年的6倍多，截至2016年12月底中国对印度直接投资额累计超过48亿美元。

近年来，印度经济的飞速发展，使印度居民平均收入水平有所提高。人口红利、巨大市场吸引了大量的资本，加速了基础设施的建设及科技的发展，为印度企业提供了长远性的技术支持，这些燃起了印度对外资引入的热切需求。互联网普及率不断提高，民众对新兴事物态度的转化以及莫迪总理为印度创造的相对稳定的政治环境、便利的政策条件，促使大量中国企业加入投资印度的大军当中去。基于此，本节分析了中国对印度直接投资的基本特征、影响因素及所需要注意的问题，为中国及相关投资者对印度的直接投资提供理论依据，对中国企业的投资决策起到一定指导作用。

一、影响中国对印度直接投资的因素

（一）市场需求增加

印度是世界上第二大人口大国，拥有足以媲美中国的高人口红利，同时也意味着巨大的市场消费力。2016年12月底，在印度排灯节期间的销售量已经相当于中国的"双11"购物节的销售量。可见印度市场潜力十分巨大，在市场因素上具有较好的条件吸引外资。许多外国投资者都考虑了

印度的市场情况，投资者在外国投资大多是为了打开国际市场，在东道国占取市场份额，实现资本的溢出效应，而一国的市场规模越大，经济发展水平越高会使得外国投资者在该国发展的机遇越大，对于外国投资者而言更有商机。目前，印度的创业生态系统处于早期阶段，和美国市场相比，中国投资者能够在印度获得更好的投资机会和发展前景。

（二）成本因素

印度相对于中国，劳动力成本比较低，根据劳工统计局的数据，从1999年到现在印度的劳动报酬由0.68美元/小时涨到1.5美元/小时，而生产工人的劳动薪酬从0.53美元/小时增长到1美元/小时。劳动力的成本是投资者在投资时的重要决定因素，因此本节在考虑影响因素时要把劳动力成本考虑进去。与此同时，影响成本的因素中还有中印的汇率水平，中国的货币越值钱，对印度投资的成本也就越低。

（三）贸易因素

在WTO多哈回合谈判破裂之后，区域贸易协定在贸易舞台上备受各国关注。超大型区域贸易协定（RTAs）将会给中国和印度带来负面影响，但此影响并不是很大。一是间接削弱WTO的制定者与仲裁者的权利；二是给RTAs"重新安排座次"的目标带来了直接的影响。与此同时，它将会影响中印两国的区域生产网络，降低各成员国的行政和管理费用，还影响了通信、物流、交通和金融等领域。由此可以看出，中国在亚太地区生产网络中的供应链和核心地位将受到负面影响。近年来，中国对印度的投资越来越多，印度对中国的投资吸引力在不断增加。

二、实证分析

（一）变量选取与模型构建

本节选取中国直接投资金额（万美元）为因变量，选取印度的GDP、中印汇率水平以及中国向印度出口总额为自变量。其中，印度的GDP值代表印度市场规模因素，中印的平均汇率代表对印度投资的成本因素，中国向印度出口贸易总额代表对印度投资的贸易因素（见表6-5）。所有变量选用年度数据，选取的样本区间是2001—2015年，共15年（资料来源于中国统计局官方网站）。

表6-5 相关变量的符号表示

符号	变量的名称	相关说明
FDI	中国直接投资金额	单位为万美元
GDP	印度的GDP	单位为万美元
NX	中印平均汇率	每100卢比兑人民币多少元
R	中国向印度出口总额	单位为万美元

本节采用单位根检验来检验各变量的平稳性，基于以下三个模型对时间序列做原假设 H_0：$\delta = 0$ 的检验：

模型1：$\Delta X_t = \delta X_{t-1} + \sum_{i=1}^{m} \beta_i \Delta X_{t-i} + \varepsilon_t$

模型2：$\Delta X_t = \alpha + \delta X_{t-1} + \sum_{i=1}^{m} \beta_i \Delta X_{t-i} + \varepsilon_t$

模型3：$\Delta X_t = \alpha + \beta t + \delta X_{t-1} + \sum_{i=1}^{m} \beta_i \Delta X_{t-i} + \varepsilon_t$

原假设为 H_0：$\delta = 0$，即存在单位根，当检验结果为接受时，即证明原序列存在单位根，若检验结果为拒绝原假设，即证明不存在单位根。

（二）平稳性检验

分别对FDI、GDP、NX、R进行ADF检验，检验结果如表6-6所示。

表6-6 ADF检验结果

变量名称	T统计量	概率p值	结论
FDI	2.327	0.9998	不平稳
△FDI	-2.935	0.068	平稳
GDP	-0.156	0.924	不平稳
△GDP	-3.788	0.017	平稳
NX	0.328	0.971	不平稳

变量名称	T 统计量	概率 p 值	结论
△NX	−3.152	0.05	平稳
R	−0.033	0.040	不平稳
△R	−3.832	0.02	平稳

由表 6-6 可知，各变量均在 10% 的水平上是一阶差分平稳，这表明各变量间均是一阶单整的，满足构建协整的条件，即各变量间是同阶单整的。

（三）协整检验

由前文可知，各变量是同阶单整，满足构建协整方程的要件，但是否具有长期稳定的关系还需要借助协整方程进行检验。一般使用 E-G 两步法和 Johansen 法进行协整检验，而 E-G 两步法常用在只有两个变量时的协整检验，而三个及三个以上的协整检验常使用 Johansen 检验。由于本节的变量为四个，因此最终选择 Johansen 方法检验协整关系。具体见表 6-7。

表 6-7　协整检验结果

Hypothesized No. of CE（s）	Eigenvalue	Trace Statistic	0.05 Critical Value	Prob. **
None *	0.999891	152.2912	47.85613	0.000
At most 1 *	0.807485	33.68182	29.79707	0.0170
At most 2	0.516606	12.26465	15.49471	0.1447
At most3 *	0.194590	2.813242	3.841466	0.0935

如表 6-7 所示，利用 Eviews 软件进行 Johansen 协整检验，从协整检验的结果可以看出在 5% 显著性水平上拒绝了没有和至少有一个协整关系，这表明模型至少存在两个协整关系。在 10% 显著性水平上拒绝了没有、至多有一个和至多有三个协整关系，这表明变量间只存在两个协整关系。从而不论对哪一个显著性水平，四个变量间必然存在至少两个协整关系，这进一步表明变量间存在一种长期稳定的均衡关系。

（四）误差修正模型

由上述可知，四个变量不仅是同阶单整的时间序列，还存在协整关系，即存在一种长期稳定的关系。但是在实际生活中基本无法观测到稳定时的均衡值，实际观测到的仅仅是变量在短期间的一种关系，而为了描述变量间的短期和长期之间的关系，需要用误差修正模型，误差修正模型为：

$$\Delta FDI = \beta_1 \Delta GDP + \beta_2 \Delta NX + \beta_3 \Delta R - r \times \mathrm{ecm}_{t-1} + \mu_t$$

其中，ecm 表示误差修正项。

具体的误差修正模型回归得出：

$$\Delta FDI = 958\ 727 - 521.37 \Delta GDP - 320\ 686 \Delta NX + 1.51 \Delta R - 0.733 \mathrm{ecm}_{t-1}$$

在上述回归结果中误差修正项以 0.733 的力度在数据短期偏离长期均衡方程时调整数据。

（五）实证结果

由上文的误差修正模型可知，印度的外汇对印度的对外直接投资产生正向作用，但印度的国内生产总值和进出口总额均对印度的对外直接投资产生负向影响。从短期而言，模型回归结果显示卢比兑人民币的汇率上升，人民币相较于卢比而言即为上升的，这会使资本向印度流动，进而使中国对印度的直接投资增加。

从模型回归结果来看，印度的进出口每上升 1 单位，对外直接投资将下降 320 686 个单位（注：由于单位的量级差别导致数据系数较大），这表明中国对印度的直接投资与贸易的关系呈现替代性特征。从汇率角度，汇率每上升 1 单位，会使印度的对外直接投资上升 1.51 个单位，这表明购买力的相对改变会使印度的对外直接投资发生相应的改变。国内生产总值每上升 1 单位，将使对外直接投资下降 521.37，这表明印度自身的经济发展会导致外商的成本增加，导致对外直接投资下降。

由以上分析可以发现，中国对印度的直接投资驱动更多是因为印度的汇率，中国和印度的汇率在很大程度影响了中国对印度的投资，一个良好的汇率水平可以稳定中国对印度的投资，使中国投资者更能安心地在印度投资。

三、结论及建议

通过本节的分析，发现在中国对印度直接投资的影响因素中，印度的GDP、市场开放程度、汇率水平都是主要因素。因此，为促进中国对印度的直接投资的健康发展，现提出如下建议：

印度政府应优化市场结构，激发投资活力，促进市场快速发展，从而提高 GDP 水平，并结合本国的国情，适当开放对外市场，扩大中印两国相互之间投资的领域，降低有关税收，提供优惠的办公场地。同时，逐步完善监管制度，为良好的市场环境提供保障。控制工资水平，稳定汇率，为投资者提供一个稳定的投资环境。

第三节 "一带一路"倡议下中国对泰国直接投资的影响因素分析

一、中国对泰国直接投资的基本特征

（一）中国对泰国的投资不断加深

1975 年在中泰正式建立了外交关系这个大背景下，开始慢慢有中国企业到泰国进行直接投资。中国对泰国直接投资的发展历程可以分为三个阶段，第一阶段是 1975—1991 年，那时由于中国和泰国刚建立外交关系，并没有很多企业到泰国投资；第二阶段是 1992—1997 年，当时邓小平同志积极倡导改革开放，使中国许多企业向外投资，因此在这一阶段中国对泰国的投资额有所增加，但并不是很多；第三阶段是 1998 年后，中泰两国之间的贸易不断发展，两国的来往越来越密切，并且随着世界许多区域经济体的成立和发展壮大，两国之间的经济和社会合作不断加深，越来越多的中国企业被吸引到泰国投资。

进入 21 世纪后，中国与泰国的经济合作逐渐加强，泰国渐渐开始重视中国的直接投资，为了中泰更长远的发展，更是成立了中国直接投资顾问组。2016 年，泰国投资促进委员会（BOI）数据显示，中国成为泰国外商投资排名前五之一，泰国也成为中国主要对外投资国之一。

（二）中国对泰国的投资呈波动增长

由图 6-2 可知，2001—2009 年中国对泰国的直接投资都处于比较少的状态，从 2009 年开始，中国企业在泰国的直接投资金额有了大幅度增长，在 2009 年这一年中国在投资方面有一笔较大的投资，从而可以看出金额有明显的增长。由于金融危机的影响，在 2010—2011 年中国在泰国的投资活动有所减少，之后随着经济慢慢恢复，投资活动又有所增加，2014—2015 年因受泰国 2014 年军事政变的影响，中国在泰国的直接投资活动又有所减少。从 2009 年以后中国对泰国的直接投资额波动比较大，在外交和军事上中泰两国的交往逐渐频繁。中国对泰国的投资虽日益加大，但这几年投资受各种因素的影响波动比较大，由此，研究相关因素促进中国对其稳定投资是让中泰两国关系更为密切的关键。

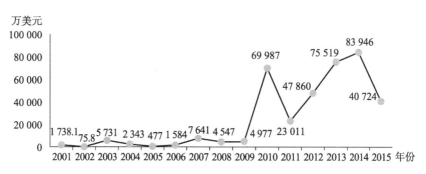

图 6-2 2001—2015 年中国对泰国的直接投资金额

资料来源：中国国家统计局及 2015 年中国对外投资统计公报。

（三）中国对泰国的直接投资多集中在制造业领域

在图 6-3 中制造业占比最大，说明中国企业在泰国投资时更倾向于制造业，这其中主要的原因：一是泰国的市场，希望能扩大泰国销售规模；

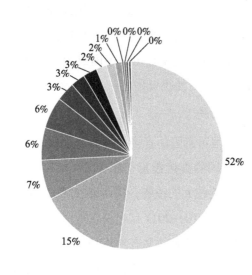

- 制造业
- 批发和零售业
- 建筑业
- 租赁和商务服务业
- 采矿业
- 农业、林业、牧业、渔业
- 电力、热力、燃气及水生产和供应
- 信息传输、软件和信息技术服务业
- 房地产业
- 交通运输、仓储和邮政业
- 科学研究和技术服务业
- 水利、环境和公共设施管理业
- 金融业
- 废弃资源综合利用业
- 住宿和餐饮业

图 6-3　2015 年中国企业对泰国直接投资行业分布

资料来源：泰国投资促进委员会。

二是由于泰国拥有很多自然资源，在泰国投资能"就地取材"，直接使用当地的原材料，节约运输成本。例如中资的橡胶轮胎企业在泰国投资，生产时可以利用本地丰富的资源，节约相关的交通运输费用，生产的产品还可以销售给泰国本地的汽车厂商，开拓在泰国的市场。泰国的市场因素和成本因素会影响中国企业对泰国的投资，因而下文在选取相关变量时应考虑这两方面的因素。

二、模型构建和变量选取

（一）理论模型

误差修正模型是在 1978 年提出的一种特定的 DHSY 模型，主要结构为：

假设各变量之间存在长期均衡关系，其表达为：$Y_t = \alpha_0 + \alpha_1 X_t + \mu$，$t = 1$，2，3，…，且该均衡关系具有（1，1）阶分布滞后形式：

$$Y_t = \beta_0 + \beta_1 X_t + \beta_2 X_{t-1} + \delta Y_{t-1} + \mu_t \tag{6-1}$$

式（6-1）显示出因变量 Y 的值不仅与当期的自变量值 X 有关，还与前一期的自变量值和因变量值的状态值有关。由于各变量的数据有可能检验出来是不平稳，因此不能简单直接使用经典回归模型进行最小二乘法的线性实证分析，对式（6-1）适当变形得：

$$\Delta Y_t = \beta_1 \Delta X_t - \gamma \ (Y_{t-1} - \alpha_0 - \alpha_1 X_{t-1}) + \mu_t \qquad (6-2)$$

式（6-2）也可写成：

$$\gamma = 1 - \delta, \ \alpha_0 = \beta_0 / (1 - \delta), \ \alpha_1 = (\beta_1 + \beta_2) / (1 - \delta) \qquad (6-3)$$

式（6-3）表明自变量 X 的变化和 X 前一个时期的非均衡程度决定因变量 Y，由于式（6-3）中有 X、Y 的水平值表示前期的非均衡程度，说明式（6-3）中 Y 已修正前期的非均衡程度了。该式称为一阶误差修正模型。本节主要在式（6-2）的基础上对相关变量进行回归分析。

（二）变量的选取

在本节研究中，以中国对泰国的直接投资量（OFDI）为被解释变量，选取泰国国内生产总值（TGDP）、中泰实际工资差（RW）、中泰实际利差（IR）、中泰平均汇率（ER）、中国对泰国的出口额（EX）作为解释变量。另外，由于一国的市场开放程度（OPEN）也是直接投资的重要影响因素，因此本节也把泰国的市场开放程度作为其中的解释变量之一（见表6-8）。

表6-8　实证变量符号、名称及相关说明

符号	变量的名称	相关说明
OFDI	中国对泰国的直接投资量	单位为万美元
ER	中泰平均汇率	每100人民币兑泰铢的额度
RW	中泰实际工资差距	RW＝（泰国就业人口人均工资/泰消费价格指数）/（中国居民人均可支配收入/中国消费价格指数）
OPEN	泰国市场的开放程度	市场开放程度＝进出口贸易总额/泰国名义GDP（GDP单位为万美元）
TGDP	泰国国内生产总值	TGDP＝泰铢现值GDP/直接标价法泰铢兑美元汇率

符号	变量的名称	相关说明
IR	中国对泰国的实际利率差	中国对泰国的实际利率差因为有的年份是负数，所以此处都取了实际利率差的绝对值
EX	中国对泰国出口额	单位为美元

（三）数据说明

选取 2001—2015 年中国对泰国直接投资的流量、泰国市场开放程度、泰国国内生产总值、中泰实际利差、中国对泰国的出口额、中泰两国人均工资水平差、泰铢兑人民币汇率的数据，构建 ECM 模型来研究中国对泰国直接投资的影响因素。数据主要来源于国家统计局、2015 年中国对外投资统计公报、泰国国家统计局、泰国经济与社会发展委员会及泰国中央银行。本节的相关操作均用 Eviews7.2 运行。

三、实证分析过程及结论

（一）ADF 检验

分别对 OFDI、EX、RW、TGDP、ER、IR 等变量进行 ADF 检验，检验结果如表 6-9 所示。

表 6-9　ADF 检验结果

变量	ADF 检验	1%临界值	5%临界值	10%临界值	结论
OFDI	-3.432501	-4.800080	-3.791172	-3.342253	不平稳
EX	0.971409	-4.004425	-3.098896	-2.690439	不平稳
RW	-0.366080	-4.992279	-3.875302	-3.388330	不平稳
TGDP	-2.180892	-4.800080	-3.791172	-3.342253	不平稳
ER	-1.674079	-4.800080	-3.791172	-3.342253	不平稳
IR	-1.757227	-4.800080	-3.791172	-3.342253	不平稳
OPEN	-2.974989	-4.800080	-3.791172	-3.342253	不平稳

续表

变量	ADF 检验	1%临界值	5%临界值	10%临界值	结论
ΔOFDI	-4.026784	-5.124875	-3.933364	-3.420030	在5%、10%的显著水平下，一阶差分平稳
ΔEX	-3.288786	-4.057910	-3.119910	-2.701103	在5%、10%的显著水平下，一阶差分平稳
ΔRW	-4.662056	-4.992279	-3.875302	-3.388330	在5%、10%的显著水平下，一阶差分平稳
ΔTGDP	-3.919539	-4.886426	-3.828975	-3.362984	在5%、10%的显著水平下，一阶差分平稳
ΔER	-4.559738	-4.992279	-3.875302	-3.388330	在5%、10%的显著水平下，一阶差分平稳
ΔIR	-4.629642	-4.992279	-3.875302	-3.388330	在5%、10%的显著水平下，一阶差分平稳
ΔOPEN	-5.536359	-4.886426	-3.828975	-3.362984	在1%、5%、10%的显著水平下，一阶差分平稳

由表6-9可以看出，以OFDI为例，OFDI在原阶水平下的ADF值为-3.432501，而1%、5%、10%水平下的临界值分别为-4.800080、-3.791172、-3.342253，变量分别大于这三个值，所以OFDI不平稳。之后对该变量进行一阶差分，其ADF值为-4.026784，分别小于5%、10%水平下的临界值-3.933364、-3.420030，所以OFDI在5%、10%显著水平下，一阶差分平稳。同样的分析方法，其他变量也在5%的显著水平下一阶差分平稳。

（二）协整检验

由之前的ADF检验结果可知，各变量都不平稳，都为一阶差分平整，因此需要检验各变量是否具有协整关系。首先用普通最小二乘法估计方程得到协整回归，然后对残差序列的稳定性进行检验，检验结果如图6-4所示。

由图6-4可知，残差序列的ADF值为-3.862668，均小于在1%、5%、10%显著水平下的临界值：-2.740613、-1.968430、-1.604392，因此残

差序列平稳，变量间存在协整关系，说明各变量间存在长期均衡关系。

Null Hypothesis：RESID01 has a unit root

Exogenous：None

Lag Length：0（Automatic-based on SIC, maxlag=2）

		t-Statistic	Prob.*
Augmented Dickey-Fuller test statistic		−3. 862668	0. 0009
Test critical values：	1% level	−2. 740613	
	5% level	−1. 968430	
	10% level	−1. 604392	

图 6-4　残差序列的平稳性检验结果

（三）误差修正模型（ECM 模型）

由前文可知，各变量都为一阶差分平稳，存在长期均衡关系，但实际经济生活中变量间很少处在均衡点上，我们观察到的只是变量之间短期的或非均衡的关系，因而可以用一阶误差修正模型来解释长期均衡和短期非均衡的关系，在构建该模型中为了确保变量是稳定序列，对各变量取对数，因为变量对数的差分近似地等于该变量的变化率，而其变化率往往是稳定序列。各变量取完对数后，得到的误差修正模型为：

$$\Delta OFDI = \beta_1 \Delta logRW + \beta_2 \Delta logOPEN + \beta_3 \Delta logER + \beta_4 \Delta logIR + \beta_5 \Delta logEX$$
$$+ \beta_6 \Delta logTGDP - \gamma \cdot ecm_{t-1} + \mu_t$$

其中，ecm 表示误差修正项。

具体的误差修正模型回归得出：

$$\Delta OFDI = -0. 15 - 5. 97 \Delta RW + 6. 31 \Delta logOPEN + 14. 5 \Delta logER + 0. 84 \Delta IR$$
$$-4. 5 \Delta logEX + 0. 0008 \Delta TGDP - 0. 76 ecm（-1）$$

在上述回归结果中误差修正项以 0.76 的力度在数据短期偏离长期均衡方程时调整数据。

（四）实证结果讨论

从回归模型可以看出，对泰国的直接投资有正向促进作用的变量是泰国对外开放程度、中泰实际利差、泰国国内生产总值和泰国汇率。从模型回归结果中体现出，在短期内，泰铢兑人民币的汇率上升，人民币相对于泰铢升值，会使得中国对泰国的直接投资增加，中泰实际工资差上升，中国对泰国的直接投资额就会减少，由于中国在泰国的主要投资行业是制造业，而加工建厂是中国企业在泰国的主要投资形式，因为泰铢贬值使得中国企业用人民币兑换的泰铢增多，因而中国企业在泰国的购买力相对上升，而工资水平是衡量劳动力成本的重要因素。

由回归方程可知，EX 每上升 1 个单位，会使中国对泰国直接投资额下降 4.5 个单位，这说明中国对泰国的直接投资与贸易的关系是替代型，中国往往利用直接投资来规避贸易壁垒。

在利率因素方面，由于利率影响投资和储蓄的结构，利率每上升 1 个单位，会引起中国对泰国直接投资上升 0.84 个单位。目前可能由于中国资本账户管制和外汇管制等政策的影响，压制了中国企业的投资需求，系数相对其他因素影响较小，正面效应并不大。

四、实证结果进一步分析

通过对前文实证结果的进一步分析，我们发现制约中国对泰国直接投资的因素有以下三个方面。

（一）泰国对外开放程度不高

实证结果显示：对外开放程度会影响中国对泰国的直接投资。泰国在 2000 年开始实施的《外商投资法》中限制了 43 个领域，在一些商业领域，如：新闻和广播产业、畜牧、水稻和种植业、林业和天然树林木材加工等，泰国相关法律规定外国投资者持股不能超过 49%，意思是泰国投资者在这些行业中必须持股 51%以上，中国投资者在这些领域没有决定权，在服务行业（包括会计、法律、建筑和工程服务）的投资方面，除非有关部门批准，外国投资者持有的资本不能超过 49%。泰国限制的这些投资领域中，有很大一部分都是中国企业比较集中的，或者说吸引中国企业去投资的，比如橡胶和水果，可是泰国却在这些领域做出限制，使中国投资者在这些行业都没有绝对的话语权，这就极大地影响了投资积极性。

（二）泰国劳工法限制

中泰工资差、汇率、利率等成本因素对直接投资影响显著，而且在成本方面，泰国劳工法的规定明显增加了中国在泰国的投资成本。泰国颁布的劳工法限制了中国企业引入中国人才，只能雇用当地人。虽然泰国劳动力工资低，但是劳动力工作积极性不高，工作比较懒惰，缺少吃苦耐劳的精神，这就浪费了中国企业不少精力和成本。此外，语言上的不便也加重了中国在泰国投资时的成本。

（三）信息渠道不通畅

中国对泰国的直接投资与贸易的关系是替代型，说明中国到泰国投资主要是市场导向的，其中规避贸易壁垒等能降低成本的因素是进行投资的动因，然而在信息方面，信息不通畅往往会加大投资者的成本。中国投资者从泰国政府获得优惠政策的信息渠道过于闭塞，不能及时获取相关信息，导致在一些方面投资的成本增加。

五、结论与建议

本节基于2001—2015年的数据，对中国在泰国的直接投资进行了实证分析。研究发现，市场因素、开放程度正向影响中国在泰国的直接投资行为；中泰实际工资差、汇率、实际利差等对直接投资影响显著；出口贸易与直接投资具有替代性关系。经分析：泰国的市场开放程度、劳动力以及信息获取方面的问题是导致以上结果产生的主要原因。基于上述结论，现提出如下建议：

（一）对泰国改善投资环境的建议

推出促进投资优惠政策以加强对外开放。中泰应加强沟通合作，扩大两国相互之间投资的领域，泰国应针对相关企业制定扶植政策，在原材料进口和先进设备进口方面，应降低有关税收，以降低外资企业的投资成本，加大外商的投资，同时为了加大外企的竞争力，最好能放宽相关股权的限制。同时，政府应关注企业的资金流动问题，通过有关福利政策促进中小企业的资金流动。应在进出口政策上坚持投资便利化的原则。为相关优势产业的投资提供相应优惠政策，同时稳定汇率，为投资者提供一个稳定的投资环境。

加强对当地劳动力的文化教育。引导当地人民树立正确的价值观，提高本地人民的文化素质，在文化差异方面，泰国应主动和企业沟通，使中国企业在雇用当地居民时双方能够更好地相互理解，强强联手。在培养人才方面，政府可以和企业合作，开办一些必要的培训课程，使当地人民能更好地掌握新技能，上岗工作。

同时泰国应放宽用工限制，允许外国企业雇用外国人，并制定相应的福利措施把外国企业引进的人才留在本国，比起一味地限制外企聘用当地人，不如多引进相关人才，促进泰国与外国人才的交流，提升泰国当地人的素质，让企业心甘情愿地聘请当地人。

完善信息平台。泰国应完善自身信息发布平台，及时把相关政策告知外国投资者，发布消息时，应附有详细的解析，让投资者能够更好地解读政策，并应安排相关人员为外国投资者答疑解惑，避免不必要的误会。

建立政府间的沟通平台，为跨国投资提供相应的信息、语言及文化等方面的帮助，使两国间能减少沟通障碍，避免因为文化差异而产生的误会。

（二）对中国投资者的建议

深入了解泰国市场。中国投资者在对泰国投资时应先对泰国市场进行深入调研，对泰国相关法律、政治环境、贸易条例有相应了解。对泰国发布的对外政策一定要正确解读，不能断章取义。不仅如此，在泰国投资更要重视文化的差异，理解和融入当地的文化和习俗，以更好地在泰国进行生产活动，另外，重视泰语也是能融入当地环境的重要措施之一。

严格员工培训。中国到泰国投资应理解泰国人的性格特点，采取适当的措施管理员工，在培训员工时，应派遣会说泰语、对泰国文化有一定了解的人。在严格培训员工的同时更应给予员工相应的待遇，使员工不再任性懈怠，同时因泰国人平时爱好娱乐活动，应经常安排相应的娱乐活动，这不仅能让泰国员工拥有对企业的归属感，还能让员工较为坚定地留在企业。

系统化了解泰国政策。中国投资者在泰国应专门设置人员了解泰国的对外政策，细致地了解相关政策，以更好地享受泰国所发布的优惠政策。

第七章
上海自贸区嵌入"一带一路"倡议机制研究

　　近年来中国经济已经进入新常态,同时面临着复杂的外部发展环境。这些都使得中国原有的经济发展模式无法持续,迫切地需要寻找新的方法来发展经济。在此背景下,上海自由贸易试验园区和"一带一路"倡议应运而生。上海自由贸易试验园区的成立,不仅是中国政府推动经济进一步改革开放的重大战略部署,还是对接"一带一路"倡议实施的重要载体和具体路径。"一带一路"倡议符合加深区域合作的需要,能满足沿线国家的共同需求,而上海自贸区的建设不仅以增量改革的方式为新常态下的中国经济发展增添动力,还将影响中国对外开放的战略重点。所以,将自贸区建设与推动"一带一路"建设发展紧密联系,探索出切实可行的方案,将会让中国迎来经济发展的新机遇。

　　本章全面论述了上海自贸区建设的背景与意义,通过深入分析上海自贸区嵌入"一带一路"倡议的建设机制,得出上海自贸区的建设意图。作为"一带一路"整体战略实施的一部分,自贸区建设将从政府职能转变、制度创新、促进贸易自由化、推动金融和投资发展等方面为"一带一路"倡议提供切实可行的落脚点。除此之外,本章还指出上海自贸区为"一带一路"倡议在国内其他省份自贸区建设和发展模式上带来了宝贵经验,也为促进长江经济带的发展带来了新动力。因此,上海自贸区的建设推动了"一带一路"建设的具体实施,二者相辅相成,共同打造中国全方位对外开放的新格局。

第一节　上海自贸区概述

一、自由贸易区与自由贸易园区概念界定

中文意义上的"自由贸易区"在英文中有两个本质上差异较大的概念：一个是 FTA（Free Trade Area），另一个是 FTZ（Free Trade Zone）。学术界为避免混淆二者的概念特意对 FTA 与 FTZ 进行了区分，商务部和海关总署于 2008 年 5 月 9 日向全国公开发布了《关于规范"自由贸易区"表述的函》，将 FTA 统一译为"自由贸易区"，而将 FTZ 统一译为"自由贸易园区"。本章为了表述简便，文中所涉及的上海自贸区指的是后者（FTZ）。

"自由贸易区"（FTA）源于 1947 年的关贸总协定（GATT）中的规定："它是指在两个以上的主权国家或单独关税区通过签署协定，在世界贸易组织（WTO）最惠国待遇的基础上，互相开放市场，通过分阶段取消大部分货物的关税和非关税壁垒，来改善服务和投资的市场准入条件，形成贸易和投资自由化的特定区域。"

"自由贸易园区"（FTZ）源于世界海关组织（WCO）1973 年在日本京都签署的《关于简化和协调海关制度的国际公约》（简称《京都公约》）。FTZ 在《京都公约》的解释为："自由区系缔约方境内的一部分，在这部分区域内运入的任何货物，就进口税而言，通常视为在关境之列，并实施通常的海关监管措施。"

显然，自由贸易区与自由贸易园区虽然只有一字之差，却是风马牛不相及的两个概念。为了让读者能更好地了解 FTA 与 FTZ 的实质性区别，笔者通过查阅相关资料和文献，将 FTA 与 FTZ 根据设立主体、开放性质、地域范围、贸易范围、法律依据、国际惯例依据、贸易规则的不同进行了归纳和总结，制成了一张 FTA 与 FTZ 的区别表（见表 7-1）。

表 7-1 FTA 与 FTZ 的区别

	FTA	FTZ
中文名称	自由贸易区	自由贸易园区
设立主体	两个或两个以上国家或地区	单个主权国家或地区
开放性质	由多个国家共同建设	自主性开放
地域范围	两个或两个以上国家	一国境内
贸易范围	局部性贸易	世界性
法律依据	双边或多边协议	国家立法或政策颁布
国际惯例依据	世界贸易组织	世界海关组织
贸易规则	成员间贸易开放，取消关税壁垒，通常采用正面清单模式	以海关保税和免税政策为主，通常采用负面清单模式

资料来源：笔者根据《赢在自贸区》归纳整理而得。

二、上海自贸区建设的国际背景

（一）全球经济新格局的产生

经济全球化对当今世界经济发展有巨大的促进作用，但是从历史来看，西方发达国家自工业革命后就一直把握着世界经济的主导权和经济谈判中的话语权。近年来，随着国际金融危机的出现使美欧等发达国家深陷债务危机的泥沼，然而与这些发达国家不同的是，一些新兴的经济体正在迅速崛起，特别是中国经济的崛起和贸易大国地位的确立。新兴经济体的腾飞让世界有目共睹，但是随之而来的是发达国家的贸易与投资保护主义升温，对新兴经济体国家投资不断衰减使得新兴经济体国家也遇到了新的难题。世界各国更是因为多哈回合谈判的步履维艰、坎昆会议的无果而终，开始质疑多边贸易体制。相反，区域经济一体化得到了极大的发展，全球经济格局的改变让中国重新审视自己，做出恰当的战略选择。

（二）美国欲构建新的国际贸易体制

美国宣布加入《跨太平洋伙伴关系协议》（TPP），引发了世界各国的强烈关注。TPP 是由美国主导的、高标准的地区一体化安排，集中体现出美国想要重返亚太地区，渴望拥有亚太地区经济的主导权。美国在加快推动 TPP 谈判的同时，也在启动《跨大西洋贸易与投资伙伴关系协定》（TTIP）。TTIP 是欧美在金融危机和债务危机的影响下，为了更好地应对新兴经济体所带来的竞争压力，提出的自由贸易协定。无论是 TPP 还是 TTIP，美国在贸易上对中国的战略挤压是显而易见的，因此这两个区域性谈判一旦取得大的突破，将对现有的全球产业价值链布局产生新的影响。中国在该方面的缺席，将会使中国要素比较优势的发挥受到限制，使中国对外开放的环境受到较大冲击。在新的国际贸易的博弈中，中国必须主动、积极地参与其中，避免被发达国家边缘化，实现更高水平开放的目标，成立上海自贸区是中国必须迈出的一步。

三、上海自贸区建设的国内背景

（一）以开放倒逼改革

自 20 世纪 70 年代末以来，随着中国对外开放不断深化，中国涉外经济体制改革不断推进，但是改革开放经历了 40 多个年头，中国经济当下面临着诸多问题：产能过剩、体制过旧、能源过度消耗、外贸形势严峻等。因此中国传统的经济模式必须改变，只有改变才能进一步深化国内改革。通过开放可以为国内经济注入新的活力，有效解决国内改革动力不足的问题。选择自贸区建设是中国当下推进改革的最好突破口，中央政府把上海自由贸易试验区作为以开放促进改革的国内发展方针，从某种意义上来讲，就是为了深化改革，推动政府管理模式和职能的转变。上海自贸区的建设也是中央政府通过再开放来倒逼国内改革，开放不仅为国内下一轮的改革提供了经验，还会释放改革红利，为改革增添动力。

（二）"一带一路"倡议的提出

2013 年 9 月，习近平总书记在国外出访期间首次提出"丝绸之路经济带"与"21 世纪海上丝绸之路"的构想。"一带一路"是中国对外合作发展的理念与倡议。目前，中国正在从贸易大国向贸易强国转变，"一带一路"建设不仅需要沿线国家的共同努力,还需要中国自身的转变。因此,上海自贸区的建设是服务于"一带一路"倡议整体构想不可缺少的环节。"一带一路"建设将以推动建设自由贸易园区或港区的形式推动经济走廊的建设。

四、上海自贸区建设的意义

(一) 为中国新一轮改革提供体制示范

上海自贸区的设立体现了中国经济制度层面的创新,上海自贸区在接轨国际制度规则、法律规范、政府管理体制等方面率先实践,为中国新一轮的改革开放提供了一种可复制、可推广的模式,上海自贸区的设立能够实现政府职能和市场职能的有效分离与有机结合,是中国改革路径中的一次重新定位,对国内其他地区的改革提供了可借鉴的"制度试验池"。

(二) 保税区到自由贸易园区的过渡

从 1990 年中国建立起第一个上海外高桥保税区以来,保税区在改善贸易和投资环境、招商引资、改善就业等方面都做出了巨大贡献。但是保税区的发展仍存在一部分问题,如相关部门对保税区的定位没有统一的认识、各部门出台政策不一致、保税区内办事效率低、方便群众度下降,这些都制约了货物流转的高效性。在保税区内企业不能享受进出口贸易权,限制了贸易的自由;保税区不具有"入区退税"的功能,导致企业的发展受到了限制。上海自贸区的设立,相当于打造了一个保税区的"升级版",保税区向自由贸易园区的过渡,是中国外贸发展的必然产物,将会给中国外贸发展带来动力。

(三) 促进上海市的经济发展

上海是中国最国际化的大都市,在中国有着非常重要的经济地位。但是随着中国经济新常态的出现,上海经济的转型遇到了诸多新困难:近年来,上海的经济增长速度下降、第二产业升级面临困难、第三产业的发展较国际上先进城市还差很多、高端产业发展缓慢、适龄劳动人口接近峰值,"人口红利"逐渐收缩,这些因素都极大地制约了上海经济的发展。

我们通过上海市 1998—2018 年的生产总值和生产总值比上年增长两组数据可以对上海市 1998—2018 年的经济发展进行大致的了解,具体见表 7-2。

表 7-2 上海市生产总值及比上年增长（1998—2018 年）

年份	上海市生产总值（亿元）	上海市生产总值比上年增长（%）	第一产业比上年增长（%）	第二产业比上年增长（%）	第三产业比上年增长（%）
1998	3 801.09	10.3	2.2	8.2	14.8
1999	4 188.73	10.4	2.1	9.0	13.4
2000	4 771.17	11.0	3.4	9.8	13.5
2001	5 210.12	10.5	3.0	12.0	9.4
2002	5 741.03	11.3	3.0	12.1	10.9
2003	6 694.23	12.3	2.3	16.1	9.0
2004	8 072.83	14.2	−5.0	14.9	14.1
2005	9 247.66	11.4	−9.7	10.5	12.8
2006	10 572.24	12.7	0.8	12.0	13.6
2007	12 494.01	15.2	2.0	11.5	18.8
2008	14 069.87	9.7	0.7	7.5	11.7
2009	15 046.45	8.2	−1.1	3.5	12.2
2010	17 165.98	10.3	6.6	16.8	5.7
2011	19 195.69	8.2	0.7	6.3	9.6
2012	20 181.72	7.5	0.5	3.1	10.6
2013	21 818.15	7.7	3.3	5.9	9.0
2014	23 567.07	7.0	0.1	4.2	8.8
2015	26 781.07	7.0	−4.9	1.3	10.7
2016	28 655.74	6.8	−12.4	1.2	9.6
2017	30 632.99	6.9	−0.8	5.8	7.5
2018	32 679.87	6.6	−6.9	1.8	8.7

资料来源:《中国统计年鉴》。

由表 7-2 可以直观地发现,上海是以第三产业发展作为带动经济增长主要动力的，上海第一产业的发展并不能为 GDP 增长做出贡献，甚至在有些年份出现了负增长的情况；上海经济发展的最初定位是以第三产业为主，后来转变为第二、第三产业共同发展，2001—2007 年上海的第二产业 GDP 增速均在 10% 以上，对整体 GDP 增长做出了贡献。在 2008 年之前上海 GDP 一直保持 10% 以上的增长速度，从 2008 年开始，上海经济增速首次低于 10%，这与 2008 年的全球金融危机有极大的关系。2011—2014 年上海 GDP 增速逐年下降。其中 2011 年上海 GDP 增速为 8.2%，全国排名倒数第三；2012 年增速为 7.5%，全国排名垫底。同时上海第二产业的增速下跌幅度较大，只有第三产业勉强拉动经济，这些均反映自 2008 年后，上海的经济略显低迷，已渐渐失去长三角经济"领头羊"的风范，由于改革动力不足，城市趋于保守，再加上外部严峻的贸易形势，使得上海的经济发展步履维艰，国家对上海自贸区的建设迫在眉睫。上海需要通过自贸区来重振自己的经济，通过创新来推动各个产业的发展，扩大开放，找到新的发展路径。

（四）金融领域的开放

上海自贸区的建设加快了中国金融制度的创新，例如在人民币资本项目可兑换、金融市场利率市场化、人民币跨境使用等方面分别进行了探索。自贸区建设促进了跨境融资便利化，增强了金融服务功能，允许金融市场建立面向国际的交易平台，激励金融市场的产品创新，加大了中国在金融领域的开放力度。

（五）对外贸易的转型升级

上海自贸区建设在中国自由贸易区开放的广度和深度上进行了整体考量，让上海现有的保税区在功能上进一步提升，使得通关的手续变得更加简便，真正实现零关税。上海自贸区极大地推进了中国服务贸易的发展，降低了跨国企业进行全球资源调配、商品价格风险管理的门槛和成本费用，这些都有助于中国对外贸易的转型升级。

通过对 2012—2014 年上海自由贸易试验区主要经济指标进行分析，可以对上海自由贸易试验区的建设成果有所了解。具体经济指标数据如表 7-3 所示。

表 7-3　2012—2014 年上海自由贸易试验区主要经济指标

指标	2012 年	2013 年	2014 年
经营总收入（亿元）	12 849.72	14 424.44	16 094.55
利润总额（亿元）	464.53	559.48	637.90
商品销售额（亿元）	10 998.09	12 373.36	13 879.41
航运物流服务收入（亿元）	849.16	1 033.47	1 203.69
工业总产值（亿元）	727.78	646.16	572.70
期末企业从业人员（亿元）	26.90	28.61	29.61
进出口总额（亿美元）	1 130.52	1 134.33	1 241.00
税务部门税收（亿元）	428.96	508.27	576.39
新设企业（家）	788.00	4 416.00	11 440.00
外商投资项目（个）	164.00	359.00	2 057.00
外商投资合同金额（亿美元）	16.16	19.09	117.95
港区集装箱吞吐量（万标准箱）	2 951.30	3 058.50	3 236.60

资料来源：《上海统计年鉴》（2015）。

通过对表 7-3 的观察，可以发现上海自贸区在 2012—2014 年除工业总产值指标外，其余经济指标均呈递增趋势，且递增幅度在 2013—2014 年最大。自贸区的成立部分缓解了中国就业的压力，自贸区内的企业不断增多，期末企业从业人员也是逐年增加。同时自贸区成立后，新的对外开放环境使得上海吸引的外商投资项目和投资金额逐年递增，特别在 2014 年增幅较大，这使得上海招商引资的环境得到了极大的改善，上海在中国对外贸易发展中有着举足轻重的地位，上海自贸区经济发展指标表明自贸区建设在中国贸易的转型升级和改善外商投资的环境上成果显著。

第二节 上海自贸区嵌入"一带一路"倡议的模式

一、上海自贸区嵌入"一带一路"的重要节点

"一带一路"倡议是一个宏观的建设方针，那么这个宏观建设的实施便需要诸多的微观实际操作来共同完成。因此上海自贸区的建设绝非偶然，与"一带一路"倡议的提出有着千丝万缕的联系，上海自贸区建设是帮助"一带一路"倡议落地的具体依托之一。中国当前大部分产业存在产能过剩的问题，那么过剩的产品需要一个更大的市场，中国只有找到输送产能的市场才能进一步发展经济。但是由于欧美国家对华反倾销的诉讼、金融危机后的全球需求下降使得中国只从出口上来缓解产能过剩并不现实。"一带一路"倡议的提出，恰恰可以从大的战略方向上解决中国国内产能过剩如何输出的问题，我们可以通过与"一带一路"沿线国家进行贸易合作，以签订贸易协议的方式找到释放中国产能的突破口。

"一带一路"倡议提出后，接下来就是思考如何同沿线国家进行大量的经贸合作，这样就需要一个新的切入节点来使中国对外贸易进一步升级。"一带一路"倡议中沿线大多是新兴经济体和发展中国家，这些国家普遍处于经济发展的上升期，使中国开展对外贸易的前景广阔。2014 年中国与"一带一路"沿线国家进出口双边贸易值近 7 万亿元，占同期中国外贸进出口总值的1/4。因此上海自贸区的设立正好可以助力"一带一路"倡议的具体落实，上海自贸区建设在降低中国对外贸易门槛、提升贸易自由化和投资便利化方面做出了贡献。上海自贸区与"一带一路"建设属于子集与整体的逻辑关系，自贸区建设的意图和目标包含在"一带一路"建设大的发展纲要内，两者的精髓都体现了让中国从贸易大国转向贸易强国的宗旨，自由贸易区注重的是贸易自由化，而经济带的发展注重区域经济一体化。上海作为对接中国"一带一路"倡议的重要节点，自贸区建设与

"一带一路"倡议中所提及的政策沟通、设施联通、贸易畅通、货币流通、民心相通上有许多契合点，上海不仅是中国最具国际化的现代大都市、中国首个倡导国际多边合作机制的城市，还是"一带一路"建设和长江经济带的重要交汇点，其无论在中国海岸线的战略区位，还是在城市的要素禀赋和经济发展，乃至人文环境等方面都具有得天独厚的优势。在上海推进自由贸易试验区建设，是上海对接"一带一路"建设发展的重要节点，其战略机制优势无可比拟，上海自贸区的设立为更好地服务"一带一路"建设提供了良好的条件，在对接"一带一路"建设上有着"排头兵"的作用，以自由贸易园区建设的方式同"一带一路"沿线国家进行经贸对话，将作为中国嵌入世界经济格局的新支点。

二、上海自贸区嵌入"一带一路"建设的四大路径

（一）政府监管模式转变

上海作为改革开放 40 多年来第一个被冠名"中国国际现代化窗口"的城市，上海自贸区的建立凸显了其战略高度。这项重大的改革试验是以政府监管模式的转变以及政策创新为着力点，用开放促进新一轮改革，靠制度创新释放红利，引领中国经济的转型发展。上海自贸区建设最大的进步是推进政府管理由注重事前审批转为注重事中、事后监管。上海自贸区建设打破了以往政府机构各扫门前雪的状态，将不同的部门有机联动起来，信息共享，协同管理。政府在自贸区建设中建立起行业信息跟踪监管的综合性评估机制，加强对试验区内企业在区外经营活动全过程的跟踪、管理和监督。

从上海自贸区创新的政府管理模式来看，中国政府已经意识到国内存在的"重审批、轻监管"的问题，将之前的以审批制为特征的事前行政管理体制转变为以备案制为特征的事中、事后监管。事中、事后监管的加强，在降低市场准入门槛的同时，能够提高贸易自由化与投资便利化，从政府效率来看，这是一个好的转变方向，它可以为国内其他省份提供一种

可复制的政府管理模式。只有政府的运行效率提高，才会更好地保障"一带一路"国内沿线各地区在处理问题过程中公开透明、减少"寻租"行为、增强市场自主调度的能力，尤其是备案制和事中、事后监管，让我们在同"一带一路"沿线国家合作时，更注重对后续事项的监督，由政府做好风险把控这一关。

（二）制度上的创新突破

提到上海自贸区在制度上的创新突破对"一带一路"倡议具体落实的帮助作用，本章主要论述上海自贸区法制的创新和负面清单的提出。自贸区作为"法制引领""法制先行"的产物，在建设过程中，有许多做法都已经打破了常规。自贸区改革的部分内容可能和国家的法律法规有不符的地方，但是为了支持自贸区先行先试，全国人大常委会通过授权三部涉及外商行政审批法律中的一部分条款，在自贸区暂停实施三年，三年后如果事实证明是行之有效的，就要推动相关法律的改善。同时《自贸区条例》也从四个方面做出规范：一是制定并公布管委会和驻区机构的权力清单，明确流程，以便社会监督；二是制定规范性文件，加强同公众的交流，倾听民众声音；三是建立行政异议制度，公民、法人或其他组织对出台的规范性文件有异议，可以提请上海市政府进行审查；四是建立信息发布机制。这一系列的创新都彰显了法制保障在上海自贸区建设中的特殊地位与重要价值。上海自贸区法制保障上的突破，为中国其他省份服务"一带一路"倡议提供了一种新的思考模式：不合理的规章制度要及时更改；加强社会公众对政府权力的监督；要制定适合地方政府对接"一带一路"倡议的有关规范性文件，避免出现管理上的盲区，要在每个环节上做到有法可依；要建立能及时反馈的信息发布机制。

上海自贸区除了在法制保障上的突破创新外，其极大亮点在于探索了负面清单的模式，负面清单又称消极清单，上面列明了企业不能投资的领域和产业。与负面清单相对应的是正面清单，即列明企业可以投资的领域，清单以外的领域一律不开放。在中国未开启负面清单模式之前，中国对外资的管理一直采用的是《外商投资产业指导目录》，在这份目录中列出了中国鼓励、限制、禁止外商进入的行业。所有的外商投资、商业投资只能在规定的范围内活动。相比较而言，负面清单管理可以简化对外资进入的审批管理，使外资准入更加透明的同时，也起到鼓励和吸引外商投资的作用。上海自贸区 2013 年负面清单的制定参考国民经济行业的分类标准，包括 18 个行业门类，其中公共管理、社会保障和社会组织、国际组织两个行业门类不适用负面清单。负面清单的模式给"一带一路"倡议的自贸区发展提供了重要的管理原则，能够让我们同沿线国家开展合作的门槛变得更低、更开放，对推进同"一带一路"沿线国家的贸易合作有着重要作用。

（三）为金融、投资领域开拓空间

中国政府在支持上海自贸区金融和投资领域的发展上做足了政策准备，国务院印发的《中国（上海）自由贸易试验区总体方案》指出上海自贸区的建设是在新形势下推进改革开放的重大举措，该方案总体目标明确指出要积极推进服务业扩大开放和外商投资管理体制改革、大力发展总部经济和新型贸易、加快探索资本项目可兑换和金融服务业全面开放，努力形成促进投资和创新政策的支持体系，让自由贸易试验区更好地为全国服务。《中国银监会关于中国上海自由贸易试验区银行业监管有关问题的通知》公布了自贸区内银行业监管的有关措施：支持中资银行入区发展、支持区内设立非银行金融公司、支持外资银行入区经营、支持民间资本进入区内银行业、鼓励开展跨境融资服务、支持区内开展离岸业务，简化准入方式并完善监管服务体系。《中国人民银行关于金融支持中国上海自由贸易试验区建设的意见》提出了自贸区建设的如下原则：坚持金融服务宽体经济，进一步促进贸易投资便利化，坚持改革创新，着力推进人民币跨境使用、人民币资本项目可兑换、利率市场化。自贸区的金融业发展要坚持风险可控、稳步推进的原则。

从国家对上海自贸区金融和投资领域颁布的指导方案和相关意见来看，中国对金融和投资领域的开放极为重视。上海自贸区建立不到三年，但是在金融和投资领域的发展上有了极大的突破，上海自贸区在建设过程中允许符合条件的外资金融机构设立银行；允许符合条件的民营资本与外资金融机构共同设立中外合资银行；允许区内符合条件的中资银行从事离岸业务；更为关键的是，在试验区内外汇管制基本开放的背景下，区内银行不仅可以经营人民币业务，也可以直接开展外币相关业务，这对中国银行国际化经营合作带来了明显的促进作用。此外，自贸区在融资租赁上加大了创新力度，政府允许区内的各类融资租赁公司设立项目子公司并开展境外租赁服务，取消了部分类别租赁公司注册的最低资本的限制门槛。

上海自贸区在金融和投资领域的飞速发展，对"一带一路"建设在金融和投资发展规划上帮助巨大。目前上海自贸区正加大力度推动跨境人民币业务的发展，进一步开放投融资汇兑市场。同时自贸区的离岸金融业务有利于跨境人民币结算业务的发展，不仅使人民币使用效率提高，还使外流资金可以更好地周转。人民币国际化对"一带一路"建设的意义非凡，为沿线国家提供了新的储备货币供给，而且也势必将减少中国自身的储备货币需求，这有利于"一带一路"沿线国家协调储备货币的供求矛盾，维持货币体系稳定。虽然人民币国际化的发展当前面临着诸如金融市场自由化低、金融法律体制不健全等问题，但是上海自贸区的发展，已经开始在这些方面做出努力，使得"一带一路"倡议中的人民币国际化有望取得更大进展。

（四）航运建设上的发展

上海自贸区担负着中国航运物流产业转型升级和促进上海市国际航运物流中心建设的职责。中国政府在《中国（上海）自由贸易试验区总体方案》中明确提出要提升上海自贸区国际航运的服务功能，自贸区建设过程中要充分发挥上海的区域优势，积极发展航运金融、国际船舶运输、国际船舶管理和国际航运经济等相关产业。上海自贸区在短短几年的建设过程中促进了上海航运物流中心的基础设施建设，提升了仓储设施储备水平，改变了传统仓储空间布局不合理和仓储成本高的乱象，同时，自贸区建设吸引了大量旅客，打造了上海作为客运和货运的中心城市枢纽，推动了上海航运物流产业的转型升级。上海作为当今全球最大的腹地港口，其货运吞吐量已经连年登顶世界,深水港口等地理条件也符合国际航运物流中心的基本条件,随着自贸区建设政策的积极推动,上海航运中心建设取得了显著的成绩,分别在航运服务、船舶注册、航运金融等软实力指标上获得了较快的提升。

"一带一路"建设的互联互通首先要求我们在基础设施上互联互通,而交通便利是中国与沿线国家开展经济、政治、文化交流的前提。上海有着由公路、铁路、水路、航空等运输方式组成的庞大的交通运输网络,尤其是随着自由贸易园区的发展,极大地推动了上海市国际航运中心的建设,使上海在交通枢纽的领先优势不断加强,这为"一带一路"中海上丝绸之路的经贸沟通构建了最为发达便捷的交通运输中心。

第三节 上海自贸区对国内"一带一路"沿线区域的辐射效应

一、上海自贸区建设有助于长江经济带发展

上海地处长江带,上海自贸区建设会给长江经济带的产业升级和产业转移带来极大的促进作用。上海自贸区的发展可以为长江经济带周边的城市提供宝贵的发展经验,上海市的溢出效应也会让长三角经济带的城市获得福利。长三角地区聚集自由贸易区产业的前向和后向产业,使自由贸易区内产品的加工深度和产业链得到了延伸,形成了一个强大的产业集群。这种空间范围内相关产业的高度集中,有利于降低生产成本,提高规模经济效益,促进产业结构的调整和优化升级。上海自由贸易区的集聚和辐射能力的提升,可以充分发挥中西部地区资源丰富、要素成本低、市场潜力大的优势,将国内产业转移到中西部地区,优化全国范围的产业分工布局,为"一带一路"建设更好地推广打下坚实的基础。

上海自贸区的发展能够依托上海强大的制造业带动长三角产业的跨越

式发展，提高企业的创新能力，让国营和民营企业"走出去"。一旦长江经济带获得了快速的发展，就可以同"一带一路"连接起来，形成国内与国外经济合作互动的平台和一个国内良性发展的机制。

二、上海自贸区为其他自贸区建设提供示范

上海自贸区的发展为中国的广东、天津、福建自贸区的建设起到了示范作用。从地理位置上来看，四大自贸区中上海、广东、福建与21世纪的海上丝绸之路密切相关，而天津作为北方的国际航运中心，对"一带一路"建设的国内核心地区有较强的联动作用。广东、福建、天津自贸区的建设从上海自贸区的先行先试中汲取了宝贵经验，四个自贸区的实施范围相差无几，并且共用一张负面清单，包括15个门类、50个条目、122项特别管理措施，四个自贸区都以大力发展服务业和加强对外开放为主。

与此同时，四个自贸区的核心要义又不仅仅是以上海自贸区的内容为主体，而是要结合地方特色增添新的试点内容。广东在"一带一路"建设中作为古代海上丝绸之路的发祥地，将着力打造21世纪海上丝绸之路的桥头堡，经过三至五年的改革实现粤港澳深度合作，形成国际合作新优势；天津则要打造中国北方国际物流的新平台，努力在京津冀协同发展中发挥示范作用；福建将打造"一带一路"建设中互联互通的重要枢纽，将自贸区建设成为深化两岸经济合作的示范区，增强闽台的经济关联度。值得注意的是，沪粤津闽四个自贸区所处的特殊位置均在"一带一路"沿线的重要支点上，且上海自贸区为其他自贸区的发展建立起一种成功的可复制的模式，因此上海自贸区建设与国家"一带一路"倡议密切相关，将自贸区建设与"一带一路"建设衔接起来，对自贸区的发展既是机遇又是要求，两者相辅相成、互相促进，取得共赢。

第四节　上海自贸区发展的相关建议

上海自贸区的建设无论是在中国应对当前复杂的国际局势方面，还是

在深化国内改革、对接"一带一路"倡议方面都具有深远的意义。但是自上海自贸区建设以来，也遇到了不少挑战和困难，在此，笔者针对之前提及的政府监管、法制保障、金融及投资领域发展等方面提出几点建议。

一、设立公众对政府监管的体制

上海自贸区的设立，虽然加速了政府职能的转变，让政府由之前的审批制转变为事中、事后监管的备案制，但是随着自贸区的发展，外商投资的增多，我们需要一个更加透明的政府权力清单，让企业和公众更好地监督政府权力的使用，并形成一个有效的体制，可以反馈公众对政府的意见和建议，有效避免政府官员的寻租行为，让自贸区建设从权力的始发点即以一个廉洁、公正的态度为中国经济的发展、人民群众福利的提升贡献力量。

二、建立自贸区配套法规

上海自由贸易试验区不仅仅停留在发展对外贸易的层次，还应该在探索体制改革上迈出重要一步，所以我们坚决不能忽视法制保障在自贸区建设中的特殊地位。我们要根据上海自贸区建设以来出现的状况，适时地制定新的与自贸区配套的法规，完善旧的法规，剔除对自贸区发展有影响的规章制度。我们可以关注世界上其他自由贸易园区在配套法规建立方面的成功经验，取其精华、去其糟粕，建立上海自贸区优质的司法保障系统，维护自贸区的运行秩序。

三、建立自贸区金融诚信体系

上海自贸区建设要想获得长久的发展，仅靠精简机构、调整制度、完善法律法规是远远不够的，还需要建立一个诚信的金融体系。一个诚信并且有效的金融体系包括：保证信息披露的真实性和充分性、拥有奖惩机制、加强对金融创新的监管。在此基础上，上海自贸区如何能做到风险可控、分步推进、尽快形成与国际贸易中心规则相衔接的基本金融监管制度框架，建立合理的金融诚信体系，是上海自贸区未来建设中面临的考验。

四、接轨国际的外商投资管理机制

在上海自贸区建设的投资管理方面，我们在保证投资管理机制安全有效的同时，要尽可能地接轨国际上先进的管理机制，要逐步淡化内资和外资企业的边界，打造主体和标准基本统一、各方公平竞争的投资制度。我们要在自贸区今后的建设中，辩证地降低投资准入门槛，全面维护资本利用环节，创新外汇管理体制。只有拥有了一个先进的、与国际接轨的外商投资管理机制，才能提升自贸区整体的竞争能力，对国外的投资产生巨大的吸引力。

五、结语

上海自贸区的设立并不是一个孤立的模式，上海自贸区的战略是站在国内与国际两个大局互相联系的高度来审视中国今后的发展，对加快构建中国开放型经济新体制、赢得国际经济发展的主动有重要的推动作用。上海自贸区的建设为"一带一路"倡议谋势，并提供了一个切实可行的执行方案，上海自贸区在带动国内长三角经济发展，为福建、广东、天津自贸区提供复制和参考经验等方面贡献突出，上海自贸区的建设将作为中国产业链条内的一个新的增长极，带动国内产业的优化升级和周边区域的城市发展。从整体上看，上海自贸区建设与"一带一路"建设相互促进、相辅相成，形成一个一体双翼、全方位的对外开放格局。

参考文献

［1］保建云. 国际区域合作的经济学分析［M］. 北京：中国经济出版社，2008.

［2］钱耀军，李娴. 中国与新加坡双边贸易的实证分析［J］. 东南亚纵横，2015（3）.

［3］项义军，厉佳佳. 中国—新加坡自由贸易区经济效应分析［J］. 北方经贸，2014（7）.

［4］刘曼琴. 中国、新加坡服务贸易的互补性与竞争性：基于2002—2011年数据的实证分析［J］. 湖南商学院学报，2014（1）.

［5］侯静超. 自由贸易协定对中国与新加坡双边投资的影响［J］. 中国经贸导刊，2013（32）.

［6］王伟. 东盟经济共同体建设与发展评述［J］. 亚太经济，2015（5）.

［7］陈慧. 中国与马来西亚经济关系探析［J］. 东南亚纵横，2014（7）.

［8］周婧，刘静. 中国企业对马来西亚投资现状与前景分析［J］. 现代商贸工业，2013（19）.

［9］林梅，闫森. 中国与马来西亚的经贸关系：竞争性与互补性分析［J］. 南洋问题研究，2011（1）.

［10］庞卫东. 中国与东盟贸易互补性与竞争性分析：2002—2009年［J］. 东南亚纵横，2011（5）.

［11］潘雨晨，张宏. 中国与"一带一路"沿线国家制造业共生水平与贸易效率研究［J］. 当代财经，2019，412（3）：108-119.

［12］周方冶.全球化进程中泰国的发展道路选择——"充足经济"哲学的理论、实践与借鉴［J］.东南亚研究，2008（6）：36-45.

［13］鞠海龙，邵先成.2014年菲律宾政治、经济与外交形势回顾［J］.东南亚研究，2015（2）：29-37.

［14］黄成龙.中国—东盟自由贸易区对菲律宾经济的影响［D］.复旦大学，2012.

［15］尤洪波.论美国对菲律宾的经济援助［J］.亚太经济，2011（6）：79-82.

［16］刘冬.中菲经济关系与政治安全关系的差异性分析［D］.暨南大学，2013.

［17］周颂，孙文海.中日贸易的现状、问题与对策［J］.时代金融，2015（32）：304-305.

［18］山秀娟，代格.浅析中日贸易现状及影响因素［J］.现代营销旬刊，2015（12）.

［19］牛林杰."欧亚倡议"＋"一带一路"：深化中韩合作的新机遇［J］.世界知识，2015（5）：28-29.

［20］郭惠君."一带一路"背景下中韩经贸合作前景展望［J］.合作经济与科技，2016（11）.

［21］于立新，王寿群，陶永欣.国家战略："一带一路"政策与投资［M］.杭州：浙江大学出版社，2016.

［22］李军军，金文龙."一带一路"国家贸易规模影响因素研究——基于面板数据和空间计量模型的实证分析［J］.福建师范大学学报，2015（4）.

［23］范剑勇，谢强强.地区间产业分布的"本地市场效应"及其对区域协调发展的启示［J］.世界经济，2010（12）：65-69.

［24］张帆，潘佐红.本土市场效应及其对中国省间生产和贸易的影响［J］.商业研究，2008（2）：162-166.

［25］蒋冠宏.中国企业对"一带一路"沿线国家市场的进入策略

[J].中国工业经济，2017（9）：119-136.

[26] 方慧，赵甜.中国企业对"一带一路"国家国际化经营方式研究——基于国家距离视角的考察 [J].管理世界，2017（7）：17-23.

[27] 王永钦，杜巨澜，王凯.中国对外直接投资区位选择的决定因素：制度、税负和资源禀赋 [J].经济研究，2014，49（12）：126-142.

[28] 蒋冠宏，蒋殿春.中国对外投资的区位选择：基于投资引力模型的面板数据检验 [J].世界经济，2012，35（9）：21-40.

[29] 吕蓉慧，周升起."一带一路"背景下中国对俄罗斯及泰国直接投资分析 [J].江苏商论，2019（3）：45-50.

[30] 郭晨曦.对华关系如何影响对外直接投资的区位选择——基于"一带一路"沿线国家的研究 [J].新金融，2019（3）：23-28.

[31] 庞若婷，翟翠娟."一带一路"背景下中国对亚洲国家直接投资影响因素及潜力分析 [J].金融理论探索，2018（5）：60-69.

[32] 秦笑.中国对"一带一路"沿线国家直接投资的影响因素分析——基于空间视角的研究 [J].区域金融研究，2018（9）：16-22.

[33] 熊彬，王梦娇.基于空间视角的中国对"一带一路"沿线国家直接投资的影响因素研究 [J].国际贸易问题，2018（2）：102-112.

[34] 王颖，吕婕，唐子仪.中国对"一带一路"沿线国家直接投资的影响因素研究——基于东道国制度环境因素 [J].国际贸易问题，2018（1）：83-91.

[35] 文绪武，郑慧敏.中国对"一带一路"沿线国家直接投资影响因素及潜力测度——基于扩展引力模型的分析 [J].生产力研究，2017（5）：76-79.

[36] 周强.中国对"一带一路"沿线国家直接投资的影响因素——基于东道国视角的实证分析 [J].对外经贸，2017（4）：73-75.

[37] 马广奇，王瑾.中国企业对"一带一路"沿线国家直接投资的绩效研究 [J].财会通讯，2019（5）：3-7.

[38] 沈梦溪.中国对印度投资合作现状及前景 [J].国际经济合作，

2014（10）：58-61.

[39] 袁薇 . 中国与印度工业制成品产业内贸易研究［D］. 中央民族大学，2011.

[40] 张四平，李文贵 . 试论印度利用外国直接投资环境及其发展趋势［J］. 南亚研究季刊，2006（4）：4.

[41] 李晓钟，杜添豪，王舒予 . 中国与"一带一路"沿线国家贸易影响因素及潜力研究［J］. 国际经济合作，2019（3）：17-29.

[42] 刘潇 . 中国对东盟新成员国直接投资研究［D］. 广西大学，2014.

[43] 万晓宁 . 中印出口贸易驱动因素的比较研究［J］. 南亚研究季刊，2015（1）：4-5.

[44] 杨挺，李秀娥 . 中国 OFDI 东道国因素研究——基于因子分析和聚类分析［J］. 中国市场，2010（42）：13-17.

[45] 万年红 . 中国对外贸易与对外直接投资关系理论与实证研究［D］. 宁波大学，2013.

[46] 陈恩，王方方 . 中国对外直接投资影响因素的实证分析——基于 2007—2009 年国际面板数据的考察［J］. 商业经济与管理，2011（8）：43-50.

[47] 项本武 . 中国对外直接投资的贸易效应研究——基于面板数据的协整分析［J］. 财贸经济，2009（4）：77-82+137.

[48] 蔡锐，刘泉 . 中国的国际直接投资与贸易是互补的吗？——基于小岛清"边际产业理论"的实证分析［J］. 世界经济研究，2004（8）：64-70.

[49] 张远鹏，杨勇 . 中国对外直接投资区位选择的影响因素分析［J］. 世界经济与政治论坛，2010（6）：34-46.

[50] 杨成平 . 我国企业对外直接投资区位选择的影响因素分析［J］. 黑龙江对外经贸，2009（11）：25-27.

[51] 别诗杰，祁春节 . 中国与"一带一路"国家农产品贸易的竞争

性与互补性研究 [J]. 中国农业资源与区划, 2019.

[52] 郑蕾, 刘志高. 中国对"一带一路"沿线直接投资空间格局 [J]. 地理科学进展, 2015 (5): 563-570.

[53] 邹嘉龄, 刘春腊, 尹国庆, 唐志鹏. 中国与"一带一路"沿线国家贸易格局及其经济贡献 [J]. 地理科学进展, 2015 (5): 598-605.

[54] 林民旺. 印度对"一带一路"的认知及中国的政策选择 [J]. 世界经济与政治, 2015 (5): 42-57+157-158.

[55] 梁文化. 中国 OFDI 区位选择决定因素研究——基于 2003—2014 年 28 个经济体面板数据 [J]. 贵州财经大学学报, 2017 (2): 92-99.

[56] 李晓敏, 李春梅. 东道国制度质量对中国对外直接投资的影响——基于"一带一路"沿线国家的实证研究 [J]. 东南学术, 2017 (2): 119-126.

[57] 胡琰欣, 屈小娥, 董明放. 中国对外直接投资的绿色生产率增长效应——基于时空异质性视角的经验分析 [J]. 经济学家, 2016 (12): 61-68.

[58] 邓新明, 许洋. 双边投资协定对中国对外直接投资的影响——基于制度环境门槛效应的分析 [J]. 世界经济研究, 2015 (3): 47-55+128.

[59] 罗清和, 曾靖. "一带一路"与中国自由贸易区建设 [J]. 区域经济评论, 2016 (1901): 40-46.

[60] 王卓. 中国 (上海) 自由贸易试验区的战略意义、效应和复制推广 [D]. 天津师范大学, 2015.

[61] 祝佳音. 中国上海自贸区建设的进展、问题与对策研究 [D]. 吉林大学, 2015.

[62] 李晓, 李俊久. "一带一路"与中国地缘政治经济战略的重构 [J]. 世界经济与政治, 2015 (10).

[63] 王琳. 全球自贸区发展新态势下中国自贸区的推进战略 [J]. 上海对外经贸大学学报, 2015 (3): 40-46.

[64] 陈丽芬. 中国 (上海) 自由贸易区运行分析及复制推广路径

[J]．商业时代，2014（30）：25-27.

[65] 陈琪，刘卫．建立中国（上海）自由贸易试验区动因及其经济效应分析 [J]．科学发展，2014（2）：43-50.

[66] 李晶．中国（上海）自贸区负面清单的法律性质及其制度完善 [J]．江西社会科学，2015（1）.

[67] 邢孝兵，张洁．中国对"一带一路"国家出口贸易的经济效应——与 OECD 国家的对比分析 [J]．沈阳大学学报（社会科学版），2020，22（3）：61-70.

[68] 晏玲菊．上海自贸区建设的国际经验借鉴 [J]．时代金融，2014（2）：92-93.

[69] 李晓，张宇璇，陈小辛．中国与"一带一路"参与国的贸易潜力研究：以最终消费品进口为例 [J]．南开经济研究，2020（1）：45-69.

[70] 崔迪．从欧美自由贸易园区的发展经验上看上海建立自由贸易园区研究 [J]．国际商务，2013（6）：38-42.

[71] 李东艳．自由贸易港区的区域经济效应研究 [D]．天津财经大学，2009.

[72] 王海梅．上海自贸区对周边城市的影响及对策 [J]．常州大学学报，2014（3）：55-59.

[73] Meade J E. The Theory of International Economic Policy：Volume I [J]. Journal of Ultrastructure Research，1955，53（1）：77-86.

[74] Orefice G，Rocha N. Deep Integration and Production Networks：An Empirical Analysis [J]. Departmental Working Papers，2011，37（1）：106-136.

[75] Petri P，Plummer M. The Trans-Pacific Partnership and Asia-Pacific Integration：Policy Implications [J]. Social Science Electronic Publishing，2011，2（4）：381-383.

[76] Philippe Saucier and Arsian Tariq Rana. Do Preferential Trade Agreements Contribute to Development of Trade？Taking Into Account the Institutional Heterogeneity [J]. International Economics，10（2）：121-156.

［77］ Dunning J H, Rugman A M. The Influence of Hymer's Dissertation on the Theory of Foreign Direct Investment ［J］. American Economic Review, 1981, 75 (2): 228-232.

［78］ Jason Lewis. Foreign Direct Investment and Growth in EP and IS Countries ［J］. Working Papers, 2007, 106 (434): 92-105.

［79］ Tolention Pollution Havens and Foreign Direct Investment: Dirty Secret or Popular Myth? ［J］. Contributions in Economic Analysis & Policy, 2010, 3 (2): 1244.

［80］ Davies R B. Tax Treaties and Foreign Direct Investment: Potential versus Performance ［J］. International Tax & Public Finance, 2004, 11 (6): 775-802.